年収300万円でも2千万資産家になれる！

ダンディ水野の
ゆる～くわかる投資・資産形成のキホン

ファイナンシャル・プランナー
水野 和夫

三和書籍

＊本書の記載内容は平成25年12月31日現在の情報にもとづいています。
＊読者が投資等で被った損失等について、本書の著者、発行元および関係者は責任を負いかねます。あくまでも自己責任にて慎重な判断の上、行ってください。

プロローグ
こうすればプチ資産家になれる！

いきなりですが、質問です。次の投資Ａと投資Ｂの二者択一のケースで、あなたはどちらに投資しますか？

投資Ａ　５分５分の確率で年１回100万円手にすることができる。

投資Ｂ　12か月間、毎月50％の確率で８万円を手にすることができる。

投資Ａを選んだ方は、ぜひともこの本を最初から最後まで読むことをおススメします。

投資Ｂを選んだ方、この本はあなたのお役に立つことうけ合いです！

＊

この質問の解説は本文中に出てきますが、いずれにしてもこの本を手にしたあなたは幸運です！　あなたは将来プチ資産家になるためのガイドマップを手にしています。登山に例えていうなら、登山口から一歩一歩このガイドマップどおりに読み進むうちに、ふと振り返ると平地にいたときは見えていなかった素晴らしい視界の広がりに驚くことになるでしょう。

ただし、読み飛ばしや、結びからの逆読みはこの本に関してはタブーです。登山道を駆け上がったり、いきなりヘリコプターで山頂に降り立ってから一気に駆け下りたりするに等しい、無謀かつケガを招く行為となります。

登山と同じで、やはり準備は必要です。プチ資産家を目指すための素養として、まずはファイナンシャル・リテラシー（「お金にまつわる知識と感性」）を身につける必要があります。でも難しいことはありません。この本は、あなたが一般的サラリーマンであることを想定しています。また、仮にあなたが非正規雇用の身であったとしても、登頂ペースが少しゆっくりになるだけのことです。

*

かつて1979年、米国の社会学者エズラ・ヴォーゲルをして「ジャパン・アズ・ナンバーワン」といわしめた日本国の勢いは一転、1991年から「失われた20年」といわれる長いトンネルに入りました。その間、1997年の山一證券、1998年の日本長期信用銀行（現在の「新生銀行」）の経営破綻、2008年には米国の大手投資銀行リーマン・ブラザースの経営破綻による未曾有のショックに襲われました。

この「失われた20年」のはじまりとともに、日本のかつての終身雇用制度も崩壊しました。本来は、派遣労働者の権利を守り常用代替（正規の代わりに使い続けること）を防止するために派遣労働者の活用を制限する目的で1986年に施行された「労働者派遣法」が1999年に改正され、派遣労働者の活用が原則自由化されました。企業にとっては人件費や福利厚生費を圧縮できる願ってもない改正でしたが、一方、被雇用者にとっては正規従業員であってもいつリストラされるかわからないという労働者多難の時代になりました。

社会保障制度についても、高度経済成長期（1954年～1973年）に確立された国民皆保険・皆年金制度が、1980年代後半から少子高齢化の進展に伴い、若年世代が高齢世代を支えきれなくなる「社会保障の危機」が指摘されています。

*

　アベノミクスによって、長く暗かったトンネルにも出口の光明が見えてきたかのような期待が広まっていますが、本当にトンネルを抜けられるかどうかは誰にもわかりません。企業はあなたをいつリストラするかわかりません。国は財政破綻を先延ばしするために年金支給開始年齢を現在の65歳から67～68歳に繰り下げようと模索しています。支給額の圧縮も図ってくるでしょう。相続税の基礎控除額も平成27年1月1日から現在の6割に縮小されます。消費税も将来的に10%では収まらないでしょう。

　こんな時代に何に頼って、自分の将来をどう築いたらよいのでしょうか？　答えはあなた自身に頼るしかないのです！「天は自ら助くる者を助く」はサミュエル・スマイルズ著、竹内均訳『自助論』（三笠書房）の冒頭に出てくる有名な言葉ですが、「人生は自分の手でしか開けない!」（同書第1章）ことをまず肝に銘ずることがプチ資産家への第一歩です。

　社会・経済がどう動こうとも、国が社会保障制度をどう後退させようとも、消費税をどれだけ上げようと、資産家にとっては痛くもかゆくもありません。ファイナンシャル・リテラシーを駆使して、自分自身で対抗策をとれるからです。さあ、あなたも将来の漠然とした不安におののくのをやめて、自分自身の知恵と決断で自ら明るい将来を築くための一歩を踏み出し、プチ資産家を目指しましょう!

＊

この本は２部構成になっています。第Ⅰ部は、ある大学の社会人向け講座の講師をしている水野先生（ファイナンシャル・プランナー）と、その受講生のレン君（一般的サラリーマン）、カナさん（一般的なＯＬ）の対話です。この２人の生徒は、先生の講義が終わった後にたびたび個人的相談をもちかけるので、割合親しい師弟関係にあります。３人の対話を読み進んでいくうちに自然とプチ資産家を目指すための素養「ファイナンシャル・リテラシー」が身についてくるでしょう。

第Ⅱ部は、将来プチ資産家に登りつめるための、登山口から７合目あたりまでの実践ガイドです。第Ⅰ部の先生と生徒の対話から登山ルートを大づかみしてもらった後、第Ⅱ部で水野先生が重要なパートごとに実践的アタック法を説くとともに、注意事項を詳説します。７合目までたどりつけた人は、あとは自力で頂上を目指してアタックすることができるはずです。

なお、本書では節税の知識や届け出・手続きの方法もいろいろ紹介してありますが、これらについてはファイナンシャル・プランナーでもある税理士の清水明夫先生にご指導いただきました。

では、将来のプチ資産家を目指して、登山準備から始めましょう！

著者

年収300万円でもプチ資産家になれる!　目次

第Ⅱ部　誰でもできる賃貸マンション投資による資産形成

・本書中の重要なメッセージは、フォントの大きな太字で強調してあります。
・「アミかけした用語」は、知っておきたい用語ですが、本文中に説明がないものや、後述される用語については脚注をつけてあります。
・「設問」や「まとめ」として重要な考え方を提示したり、まとめていますので、頭の体操や整理に役立ててください。

登場人物の紹介

水野先生：東京都内のある大学で社会人向けの「ファイナンシャル・プランニング」講座を担当している初老のファイナンシャル・プランナー。下町のボロアパートに住んでいますが、実は都内外に投資用マンションを保有している資産家。その事実と彼の風貌を知る者から「ダンディ水野」と呼ばれているそう。講義でオヤジギャグを時折おりまぜるので、受講生の失笑を買うことも…。

シンジ君：20代後半の既婚者で、子どもはいません。非正規雇用からＩＴ系中小企業の正規雇用に転職することができたばかりで、パート勤めを始めた奥さんの収入は別にして、年収は手取り300万円程度です。給与アップは当分見込めそうにありません。なんとか現状打破の手立てはないかと、水野先生の「ファイナンシャル・プランニング」講座に週一回通っています。教室では先生のあげ足をとる癖があります。

カナさん：大卒で中規模メーカーに一般職で入社して３年目の24歳。結婚はいつかはしたいけれど、決まった相手はいません。最近、将来のことをもっとマジメに考えようと、水野先生の講座に通い始めました。実はオヤジ好き？

第Ⅰ部
ファイナンシャル・リテラシーを身につける

このパートは、水野先生とシンジ君、カナさんの
３人の会話で進行してゆきます。
気軽に読み進めて、プチ資産家への第一歩である
「お金にまつわる知識と感性」を身につけていきましょう。

第1章　パラダイムシフト

「水野先生！　先生がかくれ資産家だってホントですか？」

「しーっ！　大きな声でいわないでくれよ。資産家といっても、ウォーターフロントの高層マンション最上階に住んでいるわけでもないし、自家用ジェット機を持っているわけでもない。住んでいるのは下町のボロアパートさ」

「ボロアパートに住んで、みかけ庶民を装い、その実体は資産家…。なんか素敵かも!?」

「それよりシンジ君、なにか相談があったんじゃないのかね？」

「そうなんです。唐突ですが、資産家になる方法を手ほどきしてください。お願いします！」

「なんだ、いきなり！　まあ、教えてやらないことはないが、キミたちの真剣さしだいだ。特にシンジ君は時々、私をおちょくることがあるからな」

「ボクには妻がいますけど、我が家の年収は手取り300万円程度…。大幅に給料が上がる見込みもなく、妻もパートを始めま

したが、毎月カツカツです。こんな窮乏生活のまま一生を終えたくないんです」

「どうやら真剣そうだということはわかった。まずは、キミたちのレベルチェックからだ・・・」

【第１問】2020年東京オリンピック開催決定で
これからキミたちのフトコロ事情に
どういう影響が出るだろうか？

「各種競技施設のリフォームや新設、交通インフラの見直し、宿泊設備の整備拡充などへの公共・民間投資が盛んになって、経済の活性化が期待されてますよね。

長いこと続いた日本全体を覆う閉塞感を破る明るいニュースには違いありません。でも、それでワタシの給料が上がる見込みはないし、オサイフ事情に影響あるとは思えません」

「アベノミクスで上向きかけた日本経済が消費税増税で腰を折られかねない懸念がある一方で、アベノミクスへの多少の追い風にはなる期待材料ではないかな。

キミたちのオサイフ事情にはあまり影響ないかもしれないが」

「それよりもアベノミクスで円安になった影響でガソリン代が高くなりました。それに電気代も。これから消費税も上がっていくとなると、ますます家計が厳しくなりそうです。

でも、長いこと円高だったのがアベノミクスでなぜ円安に転じたんですか？」

「アベノミクス一本目の矢の金融緩和政策として、黒田日銀総裁が『異次元の金融緩和』と称してお金を大量に刷って国債を買い上げ、市中にお金をジャブジャブ供給し始めたからだ。
東日本大震災があって日本が地政学的に危ぶまれたにもかかわらず円高傾向に歯止めがかからなかったのが、一転して円安に転じて輸出企業が息を吹き返した」

「円高が進んだときに為替介入でドル買い・円売りをしても一時的な効果しかなく、すぐに円高に戻ってしまったのに、金融緩和政策でなぜ円安になるんですか？」

「為替というのは、貨幣の供給量の比で決まるんだよ。
リーマンショックの直後、米国の中央銀行にあたるFRBは即刻大々的金融緩和（QEⅠ）をやって主要金融機関が保有する不良債権を買い取って連鎖倒産を防いだ。そのため円に比べたドルの市場供給量が大幅に増えてドル安・円高が進んだのだ。
その後もFRBは第二弾（QEⅡ）、第三弾（QEⅢ）を打ったが、アベノミクス以前の日銀はジェスチャー程度の金融緩和しかやらなかった。当然、為替介入程度の規模では一時的効果しか出ない」

「リーマンショックが起きた当初、サブプライムローンの影響

は日本にはあまりないだろうといわれてましたよね」

「サブプライムローン債権を証券化した金融商品を米国や欧州の金融機関は大量に保有していたけれど、日本の金融機関の保有量はそれほど多くはなかった。
それなのに結果的には欧米諸国のどこよりも日本経済の落ち込みが一番ひどかった。円高になって輸出企業が大打撃を受けたからだ」

「日銀はなぜ思い切った金融緩和をしなかったんでしょう？」

「日銀はかつて高度経済成長時代にインフレを抑制する『通貨の番人』を自負していた。デフレ時代に入ってからも、貨幣の乱発＝ハイパーインフレにつながるという思考回路がはたらくためなのか、消極的金融緩和しかしてこなかった」

「アベノミクス効果で円安に転じて輸出企業が息を吹き返したかもしれませんが、一方では、エネルギー原料の輸入価格上昇で、ガソリン代や、電気・ガス代が値上がりして、一般家計を圧迫しています」

「輸出と輸入はコインの裏表だからな。まずは企業の元気を取り戻して、そうすれば従業員の給料アップにつながって、ゆくゆくは一般家計も楽になるという算段らしいが、そのためには二本目、三本目の矢が的を射ないと効果が表れないだろう」

「二本目の矢の中身は公共投資ですよね。公共投資というと昔からハコモノづくりのイメージが強く、眉をひそめる人も多いです」

「しかし、3・11の復興事業が遅々としている。また、笹子トンネル天井板崩落事故に象徴されるように、道路交通インフラの老朽化も全国的に進んでいる現状からすれば、公共事業投資も大事だぞ」

「そして三本目の矢の成長戦略は、将来の日本にとってこれが一番大事だと思うんですけど、具体像がファジーというか、クラウドみたいでつかみどころがありません」

「保守的岩盤のような農業や医療分野の規制緩和を狙っているようだが、これらの岩盤は相当硬い。安倍首相がTPP加盟に積極的なのは、外圧で岩盤崩しを狙っているのかもしれないが、はたしてうまくいくかどうか」

＊

「よし！　第二問にいくぞ。キミは貯金がいくらある？　そして――」

【第二問】アベノミクスがこれからキミの貯金にどういう影響を及ぼすだろうか？

「貯金がいくらあるか、先生に教えるいわれはありませんよ！」

「貯金額はいいから、アベノミクスがキミの貯金に及ぼしうる影響について察知できるかね？」

「銀行の定期預金ですから、スズメの涙程度の利息ですけど、増えこそすれ減ることはありませんよね」

「ワタシも定期預金を始めようかと思ってるんですが」

「認識が甘い！　アベノミクス以前であればしかり。20年間もデフレの時代が続いて、お金のモノに対する相対価値が上がり続けたから、ヘタな投資をするより預貯金で温存しておいたほうが結果として得をした。
しかし、これからは違うぞ」

「どう違うんですか？」

「アベノミクス始動時点で安倍首相と黒田日銀総裁が強力タッグを組んで2年以内にインフレ目標2％達成すると宣言した。
ということは、経済政策のパラダイムシフトが起きたんだ」

「パラダイムシフトって？」

「パラダイムとは『価値観』のことだ。これまで20年以上もデフレが続いたのは、前にもいったように日銀がデフレを容認していたからだ。
そこへ安倍首相が内閣による日銀総裁解任権を盛り込む日銀法

改正を懐刀にちらつかせて、アベノミクスへの協力を日銀にはたらきかけた。
そこで日銀もついに白川総裁が辞任してアベノミクスの考えに近い黒田総裁が起用され、デフレ容認から一転してインフレ目標を掲げ、政策変更せざるを得なくなったというわけだ」

「そのパラダイムシフトがボクの貯金に何か影響するんですか？」

「ニブイな！　インフレ目標2％が達成できるかどうかは別として、少なくともこれからはお金の価値が物価に対して2％近く下がる方向に向かうことを暗示している。
コンマ何チャラ％の定期預金の利息など一気に吹き飛んでしまうぞ。放っておけばそれだけ現金の価値が下がるんだ」

「貯金から投資にシフトしないといけないということですか？」

「アタリマエダのクラッカー！　てなオヤジ世代の言い回しはキミには通じないな。
ただし、全部投資にシフトしろということではもちろんない。貯金の一部は投資にシフトすることを考えたほうがいいという意味だ」

*

「よし、キミたちのレベルチェックはここまで。キミたちが次のステージに進むためには、『ファイナンシャル・リテラシー』を身につける必要がある」

「ふぁいなんちゃらりてらしぃ？　何です、それは？」

「平たくいえば、『お金にかかわる知識と感性』だ。この素養があれば、『2％のインフレ目標』と聞いただけで、現金のまま放っておくとお金の価値が2％下がるから、ヘッジするために貯金の一部を投資にシフトしないといけないと、ピンとくる」

「『ヘッジ』って、ヘッジファンドのヘッジですか？」

「そのとおり。リスクを回避するために行う投資のことを『ヘッジ』という。近い将来インフレに転換するとすれば、いままで超低空飛行だった金利が上昇に転ずる可能性を察知しなければならない」

「住宅ローンを借りている人は注意が必要ですね」

「そうだ。住宅ローンの金利は年々下がってきて2013年現在で変動金利１％前後の最低水準になっている。国土交通省の『平成24年度民間住宅ローンの実態に関する調査結果報告書』を見ると、変動金利で借りている人の割合は年々増加の一途をたどり、平成22年度から5割を突破した。
変動金利型は金利が低下局面にあるときは利用するメリットがあるが、金利の上昇局面ではリスクを抱えてしまう」

「具体的にどんなリスクですか？」

「変動金利型というのは半年ごとに金利が見直されるが、返済額は急激に上がらないよう5年ごとの改定というタイプが多い。5年ごとの改定額も改定前の1.25倍までとなっている。
一見、返済側の負担を和らげる配慮のように見えるが、金利が上がったのに返済額は一定期間頭を抑えられるから、元利均等返済方法の場合に利息の返済割合が増える分、元金の返済額が減るという現象が起こる。
つまり、返済しているのに元金の返済がちっとも進まないという状態だ」

「変動金利型で住宅ローンを借りている人は、いま金利が低水準のうちに固定金利型への借り換えを検討したほうがよいということですね？」

「そのとおり。借り換えの諸費用が必要になることと、固定金利型にすることで毎月の返済額がアップするマイナス面はあるが、長期的に金利変動リスクから開放されるメリットのほうが大きいし、家計管理もしやすくなる」

「先生、ふぁいなんちゃらりてらしぃの必要性はわかりました。その素養を身につけるにはどうすればいいか、教えてください」

「このまま私と問答を続けるうちに自然と身についてくるだろう。ただし、私が教えたポイントが右から左に抜けないよう

変動金利型：ローンの返済金利が経済情勢につれて変動するタイプで、一般に固定金利型よりも適用金利が低めに設定されています。金利は半年ごとに見直されますが、それと同時に返済額が変わるタイプと、返済額の改定は5年ごとというタイプがあります。

に、時々チェックを入れるぞ。
早速、ここまでの要点を一言でまとめるとどうなる？」

「えーっと――」

【まとめ】

（1）アベノミクスの金融緩和政策で、デフレから物価上昇率2％のインフレに転換する可能性が出てきたから、リスクヘッジのために貯金の一部を投資へシフトすることを考えたほうがよい。

（2）金利上昇に備えて、変動金利型の住宅ローンは固定金利型への借り換えを検討したほうがよい。

「ということですね？」

「いいぞ！　その調子」

第２章　NISAの有効活用と注意点

「先生、投資といえば証券会社や銀行が近頃盛んにNISAを宣伝していますが、NISAってなにぃさ?」

「ダジャレたつもりかい?　英国の小額投資非課税制度ISAを真似た日本版がNISA（ニーサ）だ。

上場株式や投資信託などの金融商品の譲渡益や配当に対してかかる税金がこれまで10%に軽減されていたのが、アベノミクスによる景気回復を見越してか、2014年1月から本来の20%（これに震災復興特別所得税が上乗せされて実際は20.315%）に戻される。

これとタイミングを合わせて導入されたのがNISAで、新たにNISA口座をつくってその中で運用する新規投資額で毎年100万円までは5年間非課税にしましょうという制度だ」（図1）

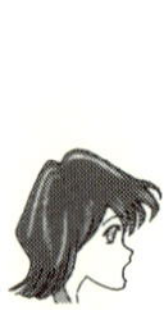
「その制度はいつまで続くんですか?」

「2014年から2023年までの10年間だ。2023年に新規投資した分まで5年間非課税だから、結局2027年が非課税期間の最終年ということになる」

図1　NISAのイメージ

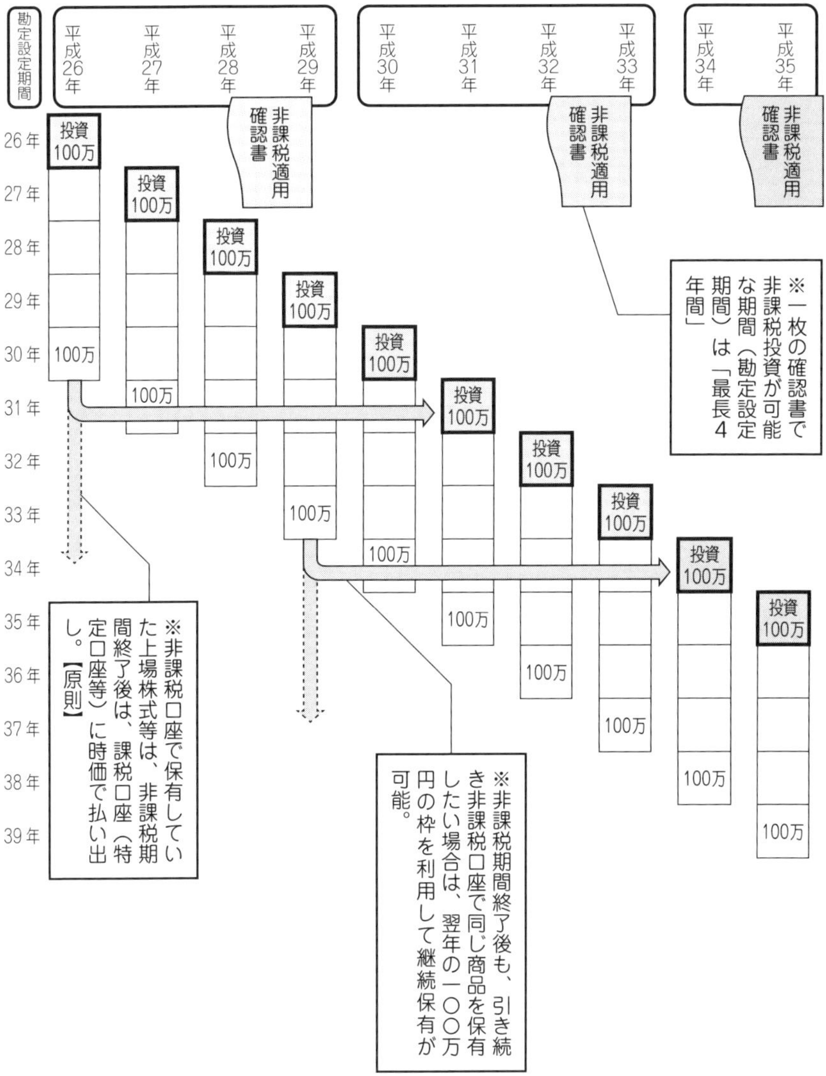

出典：金融庁「NISAの拡充について」
http://www.fsa.go.jp/policy/shokenzeisei/01.pdf

「NISA導入の目的はなんでしょう?」

「小額投資家に対する増税による影響の緩和策という面もあると思うが、制度の主な目的としては、若い世代を中心とした資産形成を支援・促進するためということのようだ。
金融広報中央委員会の調査によると、『金融資産ゼロ世帯』の比率が1970～1980年代は10%以下だったのが、『失われた20年』のはじまりの1991年ごろから上昇し始め、2013年には31%と総世帯の3分の1弱に達したということで、金融庁も危機感を感じているらしい。
日本銀行調査統計局が2013年10月に発表した『資金循環の日米欧比較』というレポートの中の、日・米・欧の家計の資産構成を比較した図表によると、日本は現金・預金での保有がダントツの54%と高く、株式・投資信託は12%とちょっと程度だ」(図2)

「NISAで貯蓄から投資へのシフトを促進しようというわけですね。
ところで、初年度投資した最高100万円は、5年間の非課税期間が過ぎたらどういう扱いになるんですか?」

「特定口座や一般口座などの課税口座に時価で払い出す方法と、6年目から始まる新規非課税枠に移行させてさらに5年間継続保有する方法とがある」

図2　家計の資産構成

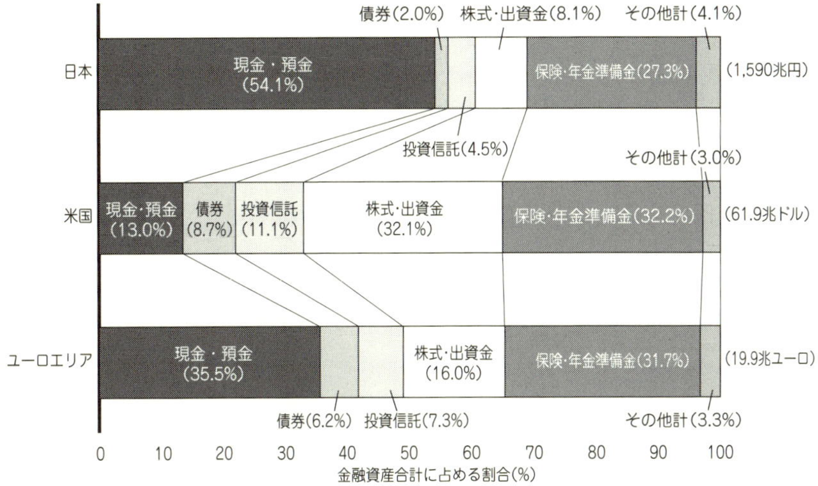

＊「その他計」は、金融資産合計から、「現金・預金」、「債券」、「投資信託」、「株式・出資金」、「保険・年金準備金」を控除した残高。

出典：日本銀行調査統計局「資金循環の日米欧比較」（2013年10月4日）
http://www.boj.or.jp/statistics/sj/sjhiq.pdf

「さきほどの図1で、毎年100万円ずつ新規投資非課税枠が追加されていくとともに、5年経つごとに非課税期間が満了していきますから、5年目から10年目までは最大500万円までの非課税運用枠があることになりますね？」

「そのとおりだ」

「それなら、株や投資信託をやる人はNISA口座をつくったほうがよさそうですね」

「しかし、注意点もいくつかあるぞ。第一に、一人一口座しかつくれない」

「ということは、預金口座を持っている銀行から勧められてそこにNISA口座をつくってしまったら、証券会社にはNISA口座をつくれないということですか？」

「そのとおり。少なくとも最初の４年間はそのままだ。別の金融機関に口座をつくれるチャンスは４年後の2018年からと、さらにその４年後の2022年からの２回だけとなっている。もっとも銀行や証券会社から複数口座を認めるよう要望が出ており、金融庁もNISA普及のために前向きに検討する動きが伝えられている」

「それだと、最初どの金融機関にNISA口座をつくるかは、慎重に検討しないといけないんですね」

「そのとおり。当面は銀行にNISA口座をつくってしまうと投資信託運用での非課税メリットは享受できても、銀行で株は買えないから株式投資の非課税メリットは得られない。NISA口座で自分は何を運用するのかをはっきりさせてNISA口座を開設する金融機関を選ぶことが大切だ」

「証券会社や銀行は自社にNISA口座を開設してもらうため、キャンペーン特典をつけたりして顧客の争奪合戦がくり広げられてますよね。住民票取得代行サービスとか、NISA口座開設者に現金プレゼントとか」

「一人一口座しかつくれず、当面一度つくってしまったら2018年まではそのままだから、金融機関も必死に自社に顧客を取り込もうとするわけだ」

「注意点の第二はなんですか？」

「第二に、売却してしまうとその分の非課税枠の再利用ができない。たとえば1年目に枠一杯の100万円分の株式を買い付けたとする。仮にその年内に株価がかなり上がったので100万円のうち買付けベースで60万円分を売却したとする。するとどうなるか？　非課税枠はその年内は残りの40万円になってしまう」

「ということは、株の短期売買をする人には向かないですね。それと、1年目100万円の非課税枠に対してたとえば半分の50万円しか使ってなかったとして、使わなかった50万円分の非課税枠は翌年に持ち越せますか？」

「非課税枠の未使用分を翌年に繰り越すことはできない。また、NISA口座内の損失はないものとみなされるので、仮に損失が出ても他の利益が出ている課税口座との損益通算ができない」

「従来の課税口座で運用していた株や投資信託をNISA口座に移し替えることはできるんですか？」

「それはできない。NISA口座をつくって新たに投資する分からが非課税対象だ」

「他にも注意点はありますか？」

「投資信託の場合だが、普通分配金といって運用収益から支払われる分配金は非課税の対象になるが、特別分配金といって元本の一部払い戻しに相当する分配金は運用益ではないため、もともと課税の対象外だ。投資信託を選ぶ場合、みかけの分配金利回りに惑わされることなく、運用報告書で分配金の中身をチェックしたほうがいいな」

「とすると、NISA口座に適するのは、出し入れしないで非課税期間いっぱいの5年近く置いておける、着実なリターンの見込める金融商品ということになりますか？」

「そのとおり。NISA口座は今のところ一人一口座しかつくれないし、金融機関によって扱っている金融商品も異なっているから、まずNISA口座に適した金融商品を選んで、その金融商品を扱っている証券会社あるいは銀行にNISA口座をつくるのが望ましい手順だな」

「なるほど。ふだん取引のある証券会社や銀行からNISA口座申込書が送られてきて、何も考えずに申し込んでしまうというのは要注意ですね」

「しかり！」

「先生、アベノミクスで貯蓄から投資への一部シフトを考えたほうがいいことと、株や投資信託への投資であればNISAを利用すると非課税メリットがあることは理解できましたが、正直いって具体的に『何に』、『どのように』、投資すればよいのかがわかりません」

「そこで必要になるのが投資に関するファイナンシャル・リテラシーだ。ここから先は投資分野にフォーカスして話をしよう。そうだ、その前に一つだけいっておきたいことがある。物事には必ず両面、メリットとデメリットがあるということだ。メリットだけに目を奪われてデメリットに足をすくわれたり、その反対にデメリットを必要以上に嫌ってせっかくのメリットを逃したりしないようにしたい。

物事を比較選択する場合には、必ずメリットとデメリットを一覧表にして検討する習慣をつけるとよい」

第３章　分散投資が基本

複利パワーと「72の法則」

「まずは金融商品の話に入る前に、キミの好きな雑学的知識から始めるが、72の法則というのを知っているかな？」

「それはナニの法則ですか？」

「単利に比較した複利パワーの威力はキミも知っていると思う。銀行預金は利息がコンマ何ちゃらパーセントだからその威力が感じられないかもしれないが、利息が数パーセントの場合の単利と複利の差は長期間のうちにはものすごい開きが出る（図3）。資産を複利運用で2倍にするのに必要な金利と運用期間の関係を暗算するのに便利な法則が『72の法則』だ。たとえば、100万円を金利年7%で運用したら何年間で200万円になるかを概算するには、72を7で割れば約10年となる。逆に10年で100万円を200万円にするには、72を10で割って約7%と出る。要は、年利率（%）×運用期間（年）=72の関係だ」

「そうすると仮に年利0.5%の定期預金の複利運用で100万円

図3 単利・1年複利・半年複利比較

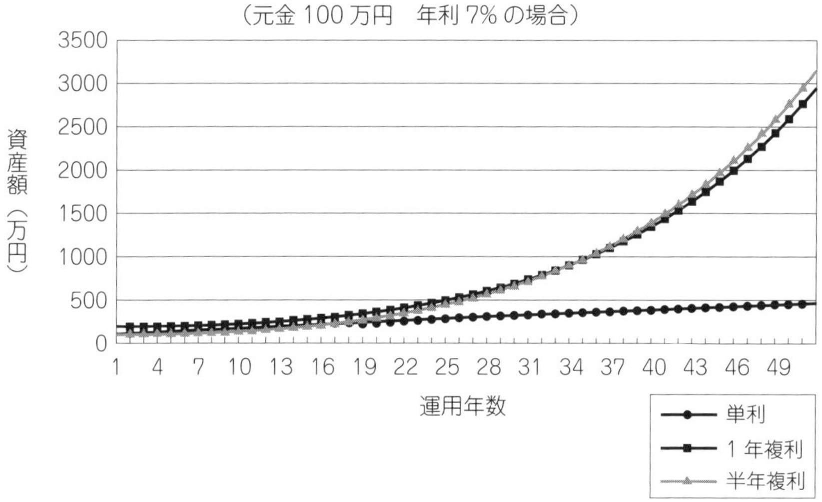

を200万円にしようと思ったら、72÷0.5で144年かかることになりますね」

「そのとおり。気が遠くなるな」

「半年複利の場合はどうなるんですか？」

「1か月複利だろうと、3か月複利だろうと、半年複利だろうと、年換算の金利に直して計算すればニアリーイコールだ」（図3参照）

「それは便利ですね」

リスク分散

「ついでに次の法則も常に頭の片隅に置いておこう」

【法則】リターンにはその大きさに見合うリスクがつきものである。

「リターンが小さくてリスクが大きいというものはそもそも投資対象になりませんものね」

「リターンが大きくてリスクが小さいという金融商品もあり得ない。そんな商品があったら我も我もと買いが殺到するから、リターンを下げないと分配が行き渡らなくなって、結局はつり合うところに落ち着く」

「リスクは数値化することができますか？」

「金融商品の場合は、ボラティリティ（価格変動率）の大きさ＝リスクの大きさと見る」

「ぼらちり？」

「価格変動の度合いを表す統計的数値だ。一般的には標準偏差を用いることが多い」

図４　一般的投資対象の全容

株　式	上場株式（国内・海外）
債　券	国債・公社債（国内・海外）
投資信託	株式・債券（国内・海外） REIT・REIT ファンド（国内・海外） インデックス・ファンド（国内・海外） MMF・MRF・ETF
現　物	金その他各種商品・不動産
通　貨	FX による各国通貨取引
預　金	普通預金・定期預金・外貨預金

「話が難しくなりそうだから、素人的にはリスクはリターン見合いということを頭に入れておけばよいですね」

「そのとおり。投資をするうえで最も基本的な心構えは、いかにしてリスク管理をするかだ。『同じカゴに卵を盛るな』という古くからの有名な投資格言があるのを知っているか？　複数のカゴに卵を盛っておけば、たとえ一つのカゴがコケても全滅にはならないという知恵だ」

「リスク分散ですね。単一の金融商品に全額投資するのでなく、投資対象を分散しなさいということでしょう？」

「時間的分散もあるぞ。相場変動のある金融商品への投資額を一度に投資するのでなく、何回かに分けて日にちをずらして投資すると時間的変動リスクが平均化される効果がある」

「先生、金融商品で私の頭に浮かぶのは株と投資信託くらいで

すけど、他にもありますか？」

「一般的投資対象の全容はこんなところかな（図4）」

「株の場合、分散投資するといっても銘柄の選定が大変ですね」

「そうだな。東証一部上場会社だけでも2013年７月末現在で1760社ある。個人がいちいち会社四季報を調べて選定するのは大変だからプロに任せる手もある。いわゆる投資信託だ」

「投資信託も種類がいろいろあるんですね」

「株式投資信託（国内・海外）、公社債投資信託（国内・海外）、公社債と株式に分散投資するバランス型投資信託、不動産投資信託（REIT）、インデックス・ファンド、その他各種合わせて2013年８月現在で4600前後の銘柄数がある」

「ある意味、株より選択が難しいですね」

「それでも投資信託は単一株に投資するのと違って複数の株や債権に分散投資するので、リスク分散の観点からは望ましい。それに、株価に相当する基準価額が一口１万円前後が多く、株よりもお手ごろだ」

「近頃は銀行も投資信託の販売に熱心ですよね」

「金融ビッグバンの一環で、1998年12月に銀行の窓口で投資

信託を販売できるように規制緩和されたのが、銀行窓販の始まりだ。2007年12月には保険の銀行窓販も全面自由化された。銀行の本業は低金利で収益が薄いから、投資信託や保険を売ることによる手数料収益のほうが儲かるんだ」

「だとしたら、銀行窓販で勧められる金融商品が必ずしもワタシたちにとって有利な商品とは限らないわけですね」

「当然、銀行にとって手数料収益のよい金融商品を勧めてくる可能性大ありだ。銀行にとって手数料収益がよいとは、我々にとってはコスト高ということだ」

「ネットで調べて、ネットで購入するほうが安く済みますね」

「ネットで買うにしても、投資信託はコストに注意しないといけない。販売手数料は購入金額の2％～3％のところが一般的だ。100万円の投資で2万円～３万円の手数料だから大きい。それと、信託報酬という名の手数料が1.5％前後で、これは運用期間中ずっと差し引かれ続ける」

「信託報酬って、どういうものなんですか？」

「投資信託のしくみとして、投資家と金融市場の間に販売会社、運用会社、信託銀行の３社が介在する。販売会社は文字どおり商品の販売、運用会社はその商品を設計・管理するコントロールタワーだ。その運用資産は信託銀行が預かっている。この3社に分配して支払われる手数料が信託報酬だ」

「ネットで探していたら、販売手数料チャラのノー・ロード型というのがありましたが」

「販売手数料無料の投資信託をノー・ロード型という。ネット証券に多いノー・ロード型を検討してみるのはよい。信託報酬もインデックス・ファンドを選べば、0.4%～0.6%前後だ。信託報酬は日割りで純資産から天引きされて日々の基準価額が計算されるから、約1%の差でも年がたつにつれて大きな運用差になってくる」

インデックス・ファンド

「インデックス・ファンドっていうのはどういうものですか?」

「インデックスとは、株価であれば日経225とかTOPIXとか、米国であればS&P500などの株価指数を指す。対象銘柄グループ総体としての価格動向を示すものだ。株価指数だけでなく、債券指数や商品指数などさまざまな指数がある。株価に相当する投資信託一口当たりの基準価額が目的とする指数と同じ値動きをするように運用をする投資信託をインデックス・ファンドという」

「日経225とTOPIXはどう違うんですか?」

「TOPIXは、東証第一部上場全銘柄の時価総額を基準日の時価

総額で割って指数化し、リアルタイムで公表している。それに対して日経225は、同じく東証第一部上場銘柄のうちから、取引が活発で流動性の高い225銘柄を日本経済新聞社が独自に選定し平均株価としてこれもリアルタイムで公表している」

「東証第一部の相場動向を代表するのはTOPIXだと？」

「とはいっても、TOPIXは大企業や内需関連株の大型株による影響を受けやすい特徴がある。一方、日経225はハイテク株や話題の値がさ株の影響を受けやすい」

「インデックス・ファンドは結局、基準的な運用成績になるということですね？」

「そのとおり。インデックスを上回ろうと積極的な運用をするアクティブ・ファンドに対してパッシブファンドとも呼ばれる。バートン・マルキール著、井手正介訳『ウォール街のランダム・ウォーカー』（日本経済新聞出版社）という本で、『**大多数の投資信託の運用成果はインデックスに及ばない**』ということを指摘しているのは非常に興味深い」

「結論としては、**投資信託をやるのであれば、コストと運用成績の観点からノー・ロード型のインデックス・ファンドに投資したほうがよい**ということですね？」

「そのとおり。だが、単一のインデックス・ファンドに投資すればそれで安心というものでもないぞ。ポートフォリオという

言葉を知っているか？」

「ポリオですか？」

「ポリオじゃない！　ポートフォリオだ。リスクの異なる商品を組み合わせて総合リスクを下げ、期待するリターンが得られるよう資産配分を決めることを、『ポートフォリオを組む』という。ポートフォリオという言葉の意味は、有価証券を入れる『書類かばん』からきている」

「ポートフォリオというと、なんかカッコイイですね」

「投資の教科書的には、債券と株式、それぞれに国内と海外もの、都合４種類に分配するとよいといわれている。インデックス・ファンドにもその方法が適用できる。ただし、日本債券のインデックス・ファンドは、債券の金利が低いうえに販売手数料と信託報酬コストがかかるので金融商品としての魅力が乏しい。私だったら、日本債券タイプのインデックス・ファンドでなく、『安全資産』に置き換えるな」

国債は安全資産の代表

「先生、安全資産には何を組み合わせればいいんですか？」

「私としては、安全資産は日本国債をおススメする。**日本国債は**

ローリスク・ローリターン商品の代表だ。ただし、途中解約すると元本割れもある。長く寝かせておけるお金だったら一般に定期預金よりは利率がよいから、安全資産としてポートフォリオに組み入れるとよい」

「国が国債を発行し過ぎて、格付けが下がり、そのうちヘッジファンドが売り崩して国債が暴落するなんてことをいう人もいますが」

「センセーショナルに不安をあおって一般大衆の耳目を集めたいメディアや経済評論家がいうセリフさ。
『失われた20年』に入ってからこの間、銀行は企業貸し出しが減って運用先に困り、個人の住宅ローンに貸し出す以外に余ったお金はほとんど国債を買って運用している。
日本国債を保有しているのはほとんどが日本の金融機関と機関投資家及び個人で、海外投資家による保有比率は日本銀行調査統計局の資料によると2012年度末時点で約8%。海外投資家による保有が圧倒的に多いギリシャとはまったく違う。
仮に、わずか8%の保有比率の海外投資家が日本国債の売り崩しを仕掛けたとしよう。圧倒的多数の日本の投資家が泰然自若としている限り暴落は起きない」

「なるほど、そんな気がしてきました」

「ギリシャついでにいうと、ギリシャ国債金利は2012年に一

時40%に届こうかという危機に面したが欧州中央銀行（ECB）が融資の裏打ちをしたのでなんとかデフォルト（債務不履行）を回避して、金利も10%台に落ち着いてきた」

「国債の金利が上がるのはどういうしくみですか？」

「国の信用がない場合、リターンをよくしないと買ってもらえないから金利を上げることになる。信用があって買ってもらえる限り、発行側としては借金の利息負担はなるべく下げたいから、金利を低く設定する。日本国債の金利はというと、長期的に低下傾向で2000年以降は1%台を推移、2012年から1%を切ってきている。世界で最も金利が低く、安全な債券といってもいいんじゃないだろうか」

「たしかに、ローリスク・ローリターンの代表ですね」

「日本国の財政事情に関してさらにいうと、なんとNHKが、『財務省の発表によりますと、国債や借入金などを合わせた国の借金の総額は、昨年度末の時点で前の年度末より31兆円余り増えて、991兆6011億円となりました。日本の総人口で単純に割りますと、一人当たりおよそ778万円の借金を抱えている計算になります。（中略）財務省は、今年度末には国の借金の総額は1107兆円に達し、はじめて1000兆円を突破すると見込んでいます』というミスリード報道をした（2013年5月10日）。さも国民が国の借金負担を負うようなネガティブ報

道だが、国にお金を貸しているのは誰だ？」

「日本国民です」

「そうだろう？　日本銀行調査統計局の『資金循環統計：参考図表』によると、2012年度末の日本国債の保有内訳は日本の民間銀行と生損保・社会保障・年金基金などの機関投資家合わせて73.9％、日銀13.2％、海外8.4％、家計2.5％、その他2％となっている。国民個人が持っている国債は2.5％でも、金融機関と機関投資家にお金を預けているのも日本国民だから、9割方日本国民だ」

国の財政を家計に例える見当違い

「でも国の財政を家計に例えて自転車操業状態だからいずれ破綻するという話は説得力があります」

「その例えの発信源が財務省のホームページだからあきれる。平成24年度一般会計予算でいわく、国の税収と税外収入が46兆円で、国の支出が経費68兆円と国債の利息を払う費用22兆円を合わせて約90兆円、マイナス分44兆円を国債＝借金でまかなっています。これを月収40万円の家計に例えると……となっているが、たしかに家計であればローンを返済するためにローンをするサラ金地獄に落ちたみたいで危ない。しかし、家計と国の財政が決定的に違うところは、家計は当然借金を返

済しなければいけないが、国は必ずしも借金を返済する必要はないという点だ」

「えっ！　国はどうして借金を返さなくていいんですか？」

「いいか、借りてる側の借金は貸してる側の資産だぞ。貸してる側は利息が欲しいんだ。借金を返してもらってはその利息が取れなくなる。だから銀行は国債が満期で償還されてもまた国債を買い直すんだ。仮にどうしても借金を返済してくれという機関が現れたとしても、国は日銀に国債を売って日銀から得たお金で返済することができる。家計ではそんな芸当は絶対できないだろ？　しかも財務省と大手メディアは意図的に国の借金ばかり騒ぎ立てるが、日本は世界一の債権国で、対外純資産が300兆円近くもある。世界一の債権国だぞ！　米国などは世界一の債務国だ。日本はもっと胸を張って堂々と成長戦略を進めるべきなんだ」

「たしかに、ファイナンシャル・リテラシーがないとミスリードされそうですね」

「財務省が執念を燃やし続けている消費税を上げたいがためのミスリードだ。政治の話に脱線してしまうが、2009年9月に民主党政権が誕生し、当初脱官僚を旗印にしていた。ところが政権を取ってみると官僚の力を借りなくては、にっちもさっちもいかないことを自覚した。そもそも民主党はマニフェストで消費税は上げませんと国民に公約していた。それが菅首相にな

るとなぜか突然消費税を10％に上げますといい出し、その後、野田首相に変わると消費税増税に首相生命を賭けだした。野田前首相は財務大臣時代に財務省に洗脳されてしまい、財務省の操りロボットになったようだった」

「財務省の力って強大なんですね」

「国の予算の配分権を握っているところは強い。脱線ついでだが、日本の大手新聞が報道することもそのまま鵜呑みにしてはいけないぞ。ニューヨーク・タイムズ東京支局長マーティン・ファクラー著『「本当のこと」を伝えない新聞』（双葉新書）に詳述されているが、日本では主な官僚組織や行政機関には『記者クラブ』があり、大手新聞の記者たちはそこに常時詰めていて、そこで官僚や行政から発表されるネタを各社横並びに報道する慣行が行われている。独自に官僚や行政の意向に反する報道をすると次回から記者クラブに出入りできなくなり、情報が取れなくなってしまうんだ。ちなみにニューヨーク・タイムズ東京支局長は記者クラブ入りが許されなかったそうだ」

「2012年夏の首相官邸前の原発反対デモなど数万人規模まで膨れ上がったそうですが、大手新聞はほとんど取り上げませんでしたね。行政の意向に反するからですね」

「いまはインターネットという便利な情報入手ツールがあるから、自分なりに違った角度からいろいろ情報を集めてみて、自

分なりの分析と判断をすることが重要だ。さて、分散投資の要点をまとめるとどうなる？」

「こうでしょうか――」

【まとめ】投資はリスク分散のために分散投資を基本心構えとする。投資信託は分散投資型の金融商品だが、コストには注意が必要。
ノー・ロード型インデックス・ファンド中心にポートフォリオ管理を心がけるとよい。
また、日本国債は安全資産である。

「いいぞ」

第４章　キャピタルゲインとインカムゲイン

〜多くの金融商品はキャピタルゲイン志向〜

「よし次は、『キャピタルゲイン』と『インカムゲイン』について話そう」

「なんですか？　その何とかゲインというのは」

「ゲインは利益だ。キャピタルは資本の意味だが、要は資産の譲渡によって得られた利益を**キャピタルゲイン**という。もちろん、資産を売って損した場合はキャピタルロスとなるな。それから、インカムは収入で、資産を所有していることで定期的に得られる配当や利子、不動産であれば家賃収入などを**インカムゲイン**という」

「つまり、株を安いときに買って、高くなってから売った利益はキャピタルゲイン、株をずーっと持っていてその間に得られる配当はインカムゲインですね？」

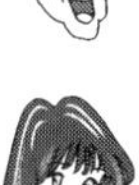

「そのとおり」

「投資信託も同じですか？」

「投資信託の場合も、株価に相当する基準価額が安いときに買って、高くなってから売ればキャピタルゲインが得られる。投資信託の分配金がインカムゲインだ」

「一時、毎月分配型のグロソブがはやりましたけど」

「グロソブというのは、グローバルソブリンといって主要先進国の国債であるソブリン債に分散投資する投資信託だが、特にお年寄りにとっては年金感覚で結構安定した分配金が毎月出たためリーマンショック前までは人気だった。しかし、毎月分配型投資信託は分配金の内容に注意したほうがいいぞ」

「どういうことですか？」

「運用利益の一部を分配金として出しているうちはよいが、商品によっては運用成績が悪くなっても表面上よいリターンを取りつくろうために、自らの資産を切り崩してタコハイを行うことがある。分配金の中身が『特別分配金』となっている場合はそれだ」

「タコハイって、タコ足配線じゃなくて、タコが自分の足を食べて生き長らえるタコ足配当のほうですね」

「そのとおり。ファイナンシャル・リテラシーのない人間は毎月分配型を喜ぶが、むしろ無分配型のほうが資産形成には有利なんだ。毎月分配型は利息分を再投資しないわけだから、単利的成果しか得られない。しかも毎月分配のたびに税金が引かれ

ていくんだ」

「毎月、分配金と税金が引かれてゆく分、投資効率がそがれるわけですね」

「そのとおり。お年寄りがまとまった額を投資して有期の個人年金感覚で分配金を楽しみに生活するのには毎月分配型はよいかもしれないが、若い人で長期的資産形成を目的とするなら、毎月分配型よりも無分配型のほうが適しているということだ」

「なるほど」

「さて、キャピタルゲインとインカムゲインについて、ここまでのまとめはどうなる？」

【まとめ】キャピタルゲインとは資産の売却益で、インカムゲインは資産を所有していることで定期的に得られる収入。
毎月分配型投資信託は分配金目的の短期投資にはよいが、資産形成目的の長期投資に向いているとはいえない。

「よし！　話を先に進めるぞ。投資をするには、キャピタルゲインを狙った投資がいいか、それともインカムゲインを目的とした投資がよいだろうか？」

「株の場合でいうと、キャピタルゲイン狙いは相場の読みが当たれば大儲けできますが、外れればその逆、ハイリスク・ハイ

リターンですね」

「株式相場の動きは、前述の『ウォール街のランダム・ウォーカー』で指摘されているとおり千鳥足（ランダム・ウォーク）で、プロであっても予測は難しい。特に、日本株式市場のメインプレーヤーが外国人投資家になってしまった昨今、国内事情よりも為替と外国人投資家の動向に大きく左右される。ちなみに国内5証券取引所発表の『昭和24年度株式分布状況調査の調査結果について』によると、平成6年度以前は外国人投資家の日本株保有比率が10%を切っていたのが、平成7年度以降上昇を始めて平成24年度には28%に達した。売買シェアではその2倍以上の6割に達するといわれている」

「一方、インカムゲインにあたる配当はというと、ショボイのが大半じゃないですか？」

「一般に日本企業は外国企業に比べて株主還元の意識が低い。配当を出すよりも、景気の先行きが不透明なときは内部留保としてため込む傾向が強いんだ」

「投資信託の場合もキャピタルゲインは基本的には株と同じ穴のムジナですよね。インカムゲインについては、さきほど毎月分配型は注意したほうがよいとお聞きしました」

「そのとおり。FXなどもハイリスク・ハイリターンの典型だな。株の信用取引みたいに証拠金を口座に預ければ、レバレッジを効かせてその何倍もの取引ができる」

「レバレッジというのは、てこの原理でしたよね」

「レバレッジは、レバー（てこ）の派生語だ。当たったときの儲けは、てこの原理でレバレッジ倍率分拡大されるが、外れたらその逆でレバレッジ倍率分損失が拡大される」

「FXにもインカムゲインはありますか？」

「円キャリートレードといって、安い金利の円を借りて高い金利の通貨、たとえば豪ドルを買って持ち続けていれば、スワップ金利といって金利差分の収益が毎日加算される。これなどはインカムゲインに相当するが、日々為替相場のチェックは欠かせないな」

「外貨預金はどうでしょう？　豪ドルとか、南ア・ランドとか金利が高いですが」

「金利の高さに目を奪われてはいかん。円から外貨への交換レートは大手銀行の例で、１米ドルに対して１円、約1%の手数料が引かれる。そして外貨から円へ戻すときは再び、約1%の手数料が引かれ、往復で約2%のコストがかかってしまう」

「ネット銀行ならもっと安いですよね」

「そうだな。外貨預金の利率は高いものでも数％だが、数％くらいの為替変動は朝メシ前だから、簡単に外貨預金の利率は帳消しになってしまう場合がある。円高で外貨預金を始めて、円安で日本円に戻すという絵に描いた餅どおりいけばよいが、為替相場も株式相場と同じくランダム・ウォークで、思いどおり

にはいかない」

「結局、キャピタルゲインを狙いとする金融商品はおおかたハイリスク・ハイリターンということになりますか?」

「そのとおり。私がいいたいのはそれだ。キャピタルゲイン狙いの投資対象はおおかたランダム・ウォークで予想がつかない。世界中が巻き込まれたリーマンショックのような想定外のことも起こる。米国の有名な投資家ウォーレン・バフェットのように優良株を発掘して長期に持ち続ける投資スタイルで成功している人もいるが、なかなか素人には真似ができない」

「先生も株や投資信託をやっていたんですか?」

「株も投資信託も、それにFXもリーマンショック前はやっていた。投資の教科書どおりにポートフォリオを組んで、株と債券に、かつ、それぞれ国内と海外に分けて、さらに商品ファンドにも分散投資をしていた。ところが、かの100年に一度といわれるリーマンショックに見舞われたときは、正直、生まれてはじめてフリーフォールの恐怖を味わった。

忘れもしない2008年9月のある朝、メールをチェックしていたらFX業者からの、いつもと違う件名のメールに気がついた。急いでメッセージを開いてみると、証拠金が不足したので強制反対売買をしましたという内容だった。慌ててFX口座残高をチェックしてみると、なんと一夜にして数百万が消えていた!

あとでチェックしたら、証拠金が不足して追証が発生しそうだというアラームメールはFX業者から前夜のうちに入っていた。それも夜11時過ぎの私が寝た後だったから後の祭り。為替相場は24時間動き続け、寝ている間に相場が大きく動いてしまったんだ」

「相場がいくら以上動いたら利食うとか、損切るとかの自動設定はしていなかったんですか？」

「当時はスワップ金利目的でやっていた。多少の変動でポジションを決済してしまったら意味ないため安全弁を設定していなかった。100年に一度の大変動など、これっぽっちも考えていなかった」

「3・11も100年に一度の想定外の大震災でしたから、これからは100年に一度の事態への備えが日常的に必要ですね」

「リーマンショックの影響は全方位的で、FXだけでなく、株や投資信託、商品ファンド、どのカゴに盛った卵も半分近くオシャカになった。評価損も入れたらウン千万の損失だ。しばらくは奈落の底に落ちた心理状態だった。それ以来、金輪際キャピタルゲイン狙いの投資から、足を洗った」

「足を洗ってどうしたんですか？」

「インカムゲイン目的の投資に転向した」

「インカムゲインならなんでもいいわけじゃないですよね」

「株の配当のようにグリコのオマケ的なインカムゲインはダメだ。インカムゲインが主役の投資でなければならない。毎月分配型の投資信託はインカムゲインが魅力だが、前にもいったように長期的資産形成を目的とするのであれば対象から外しておいたほうが無難だな」

「インカムゲインが主役の投資ってほかにありましたっけ？」

「J-REIT（Jリート）または単にREIT（リート）ともいうが、それもその一つだ」

「Jリーグに投資するんですか？」

「Jリーグではない。REITは不動産に投資する投資信託の一種で、1960年に米国で導入された。投資家から集めた資金でオフィスビル、住宅、商業施設、物流施設などの不動産を購入し、主に賃貸収益から分配金として投資家に還元する。REITの収益源である不動産賃料は株式に比べて一般的に安定しておりリスクが小さいとみなされている。そのため投資家のポートフォリオのリスク分散に貢献する新たな投資対象として認識されつつあるんだ」

「その日本版がJリートというわけですね？」

「そのとおり。J-REITは2001年にはじめて上場された。収益の90%超を分配するなどの一定の条件を満たせば実質的に法

人税がかからず内部留保もないので、一般の株式よりも投資家に分配金を出しやすいスグレモノだ。実物不動産は流動性が低いデメリットがあるのに対して、J-REITは上場株式とまったく同じように証券会社を通じて売買が可能で、一般的に年１～２回の分配金利回りが3%～5%くらい得られるようだ。2001年９月から２銘柄でスタートして42銘柄になるまで順調に伸びたが、2008年のリーマンショックで破綻するところが出て一時33銘柄まで減った。しかし、アベノミクス効果で再び興隆し始めて、2013年７月現在で48銘柄に増えている」

「REITファンドも同類ですか？」

「REITファンドはファンド・オブ・ファンズといって、REITに分散投資する投資信託だ。J-REITに分散投資するのがJ-REITファンドという」

「REITも投資信託の一種だから、なんかヤヤコシイですね」

「REITは価格的には株式と同類で、一株10万円以下のものから100万円超のものまでいろいろだ。REITファンドのほうがまさに投資信託で、一口１万円前後から買うことができる。REITファンドはプロが注目するREIT何銘柄かに分散投資するわけだから、メリットはリスク分散されていることだが、デメリットは個別REITで信託報酬が引かれ、それらをまとめたREITファンドでまた信託報酬が引かれるから、コスト高にな

ることだ。それでも毎月分配型の米国REITファンドなどは分配金利回りが10%超のものもあって人気は高い」

「毎月分配型はREITファンドも含めて、資産形成目的の長期投資には向くとはいえないということでしたからさておくとして、先生のおススメはREITですか？」

「必ずしもそうではない。REITの収益はオフィスビルの賃料だ。一般の株式に比べて安定しているとはいえ、共同住宅つまりマンションの家賃に比べたら景気変動の影響を受けやすい。そこでREITよりも私が勧めたいのは、現物の賃貸マンションに投資して家賃収入という直接的インカムゲインを得る方法だ」

「ちょっと待ってください。頭の中の整理が必要になってきたので表にまとめてみます（図5）。これで合っていますか？」

「オッ！　なかなかいいぞ」

「先生のおススメは、ミドルリターン・ミドルリスクで、なおかつ比較的安定したキャッシュフローが得られるインカムゲインを目的とした投資ということですね。では、インカムゲイン目的の投資の中でもREITへの投資と賃貸マンションのような現物不動産投資のメリット、デメリットの比較をするとどうなります？」

「まず、REITのメリットは流動性だな。株式のように日々価格が公表されており、証券市場でいつでも買ったり売ったりすることができる。対して実物不動産は流動性がかなり低い。売ろ

図5 キャピタルゲイン及びインカムゲイン目的の投資の比較

	代表的金融商品	収益	特長
キャピタルゲイン目的の投資	●株式 ●投資信託 ●外貨（FX） ●金など現物商品	資産自体の値上がりによる譲渡益	●ハイリスク・ハイリターン ●海外及び国内の経済情勢や為替の影響を大きく受ける
インカムゲイン目的の投資	●毎月分配型投資信託 ● REIT ファンド ● REIT ●賃貸マンション	資産を保持していることによる配当金・分配金・賃貸料など	●ミドルリスク・ミドルリターン ●定期に比較的安定したキャッシュフローが得られる ●毎月分配型投資信託は分配金の原資に要注意
安全資産	●日本国債 ●定期預金	利子または利息	●ローリスク・ローリターン ●インフレになると目減りリスクあり

うと思って不動産屋さんに仲介を依頼してから買い手がつくまで６か月くらいは覚悟しておいたほうがいい」

「REITは小口投資メリットがありますが、現物不動産は最低でもウン百万円必要なのはデメリットですね」

「REITは分散投資しやすいが、現物不動産の分散投資には結構な資金が必要になるからな」

「リスクとリターンについてはどうでしょう？」

「REITは年１～２回の分配金利回りが3%～5%くらいだ。現物不動産、具体的には都内の賃貸ワンルームマンションの家賃収益は実利回りで6%前後だ。ただし、賃貸ワンルームマンションのほうは空室リスクがあるが毎月キチンキチンと家賃収入が積み上がる点が年１～２回分配のREITに比べた最大のメ

リットといえる」

「家賃といえども未来永劫一定ではないでしょう？」

「アパート・マンションの家賃というものは、長期的には右肩下がりだが、その時々の経済環境の影響をあまり受けない。だから相場を毎日チェックする必要もない。唯一気をつけないといけないのは、キャッシュフローが途絶えないように管理に注力する、それだけだ。リーマンショックのとき、株や投資信託をはじめとした金融商品はいくら分散投資していても軒並み大暴落したが、アパート・マンションの家賃はほとんど影響がなかった」

「REITはその点どうだったんですか？」

「REITは収益源がオフィス賃料なので、景気変動の影響を大きく受けた。また、リーマンショックのときには売りがかさんで株価に相当する基準価格も大きく下がってしまった。さて、REITと現物マンション投資のメリット・デメリット比較表を図表にしてみるとどうなる？」

「こうなりました（図6）」

「この表を見てキミたちならREITと現物不動産投資と、どっちを選ぶ？」

「やっぱり現物不動産は、ウン百万円資金が必要だという点でヒケてしまいます」

図6 REIT vs　現物不動産投資のメリット・デメリット比較

	メリット	デメリット
REIT	1. 流動性（売買容易） 2. 小口投資（数万円〜） 3. 分散投資 4. ミドルリターン（数％；年1〜2回の分配金利回り）	1. ミドルリスク 2. 景気変動の影響を受け易い（オフィス賃料）
現物不動産投資	1. 安定キャッシュフロー 2. ミドルリターン（数％；毎月家賃の実利回り） 3. 景気変動の影響を受けにくい（家賃）	1. 流動性が低い 2. 大口投資（数百万円〜） 3. ミドルリスク

「ここが最大の分岐点だな。この表を見てキミがどうしても現物不動産投資には手が出ないというなら、先に説明したNISAを利用してREITあるいはREITファンドに投資することを検討してみるのがよいと思う。その場合は私の話はこれ以上聞かずに、REITやREITファンド投資専門の本を読んで勉強してほしい。さあ、一世一代の分かれ道だ。キミはどちらへ進む？」

「リターンはどちらもミドルリターンですよね。REITファンドの毎月分配型なら毎月リターンがあるけれど、むしろ分配金なしで運用したほうが長期的には得という話がありました。REITは年1〜2回の分配金、その点、現物マンション投資なら空室リスクはあるけれど毎月まとまったキャッシュフローが手に入る・・・。もう少し現物不動産投資の話を聞いてみたいです。話を先に進めてください」

第５章　プチ資産家への王道
～インカムゲイン志向～

「先に進めるのはいいが、まだ何か腑に落ちない顔だな」

「家賃が安定しているというのはわかります。でも土地の公示価格は下げ止まってきたとはいえ、建物は年々減価していくわけだから、不動産の価値は基本的には右肩下がりでしょ？」

「土地の値段は右肩上がりというかつての土地神話が崩れたいまの時代、不動産投資でキャピタルゲインは考えられない。賃貸不動産を買って家賃収入で投資額を回収してから売れば、キャピタルロスではあっても売却額がそのまま投資益となる。それよりも**毎月安定して得られるまとまったキャッシュフロー、これがなんといっても賃貸不動産投資の最大のメリット**だ。」

「キャッシュフローって文字どおり、お金の流れですか？」

「簡単にいうと、現金収入マイナス現金支出がキャッシュフローで、具体的には毎月の家賃収入から管理費・修繕積立金な

どの支出を引いた手取りだ。キャピタルゲイン狙いの投資では定期的キャッシュフローは得られない」

「でも、入居者がいるうちはいいけれど、空室になったら即キャッシュフローがマイナスになってしまうじゃないですか」

「マンション一室だけの場合はそのとおり。だから最初の第一歩は相当注意が要る。よい立地の、よい物件を、信頼の置ける不動産会社から購入して管理もそこに託すことだ。石橋をたたいて渡るんだったら、サブリース契約という手もある」

「サブリースというのは？」

「不動産管理会社がオーナーから賃貸物件を借り上げて、入居希望者に転貸するシステムだ。空室ができてもオーナーは家賃を受け取り続けることができる。いわゆる家賃保証だな」

「空室ができても家賃保証してくれるんじゃ、不動産管理会社側の持ち出しになるじゃないですか。そんなの成り立ちます？」

「その分、保険料ではない、管理料が高くなる。普通は家賃の5％前後のところ、サブリースだと保証条件にもよって10％～20％の間だな。空室リスクの大きい立地条件だと不動産管理会社も商売だから、そもそもサブリースを引き受けない。保証してくれる家賃も相場のたとえば80％から90％とか、不動産管理会社によって保証条件はまちまちだ」

「それだけの管理料を払っても、賃貸不動産投資の最初の第一歩としてはアリかもしれないですね。安全第一ですから」

「ここでキミたちに質問だ。次の投資Aと投資Bの二者択一のケースで、キミならどちらに投資するか？　一応、コストは度外視する」

投資A　5分5分の確率で年1回100万円手にすることができる。

投資B　12か月間、毎月50%の確率で8万円を手にすることができる。

「投資Aは、1年に100万円儲かるかチャラかのオール・オア・ナッシング。投資Bなら、一年のうち6回は8万円ゲットできてあと6回はチャラとして、48万円ゲットは固そうですね。自分なら48万円でも確実にキャッシュフローが入る投資Bを選びます」

「投資Aは、100万円×50%=期待値50万円となる。一方、投資Bは8万円×12か月×50%=期待値48万円だ。投資Bは投資Aよりリターンの期待値はほんの少し低いが、キミが選んだ根拠のとおり、毎月キャッシュフローが入る可能性があるのが最大の利点だと思う。いってみれば、投資Aはキャピタルゲイン型、投資Bはインカムゲイン型だな。設問の投資Bでは『50%の確率で』としたが、賃貸マンション投資の場合は空室率20%と見込んで『80%の確率で』が実際に近いといえる」

「わかりました。でも、ワンルームマンションでも一室1000万円前後必要でしょ？　先生だからできることであって、私にはそんな大金ありませんよ!」

「大枚がないという点は心配せんでいい」

「あっ、先生が無利子で貸してくれるんですね?!」

「ばかいうな！　アパートローンという手がある」

「住宅ローンじゃないんですか？」

「本人が住む家のローンが住宅ローンで、本人が住まない投資用不動産のためのローンが通称アパートローンだ。金融機関から見たときの回収リスクが、本人が住まない投資用マンションのほうが高いから、金利も住宅ローンより高く設定される」

「じゃあ、1000万円投じてリターンはいくらあるんですか？」

「物件の立地によるが、東京都内だと実利回りで4～7%くらいかな」

「1000万円の投資で70万円のリターンだと投資額の回収に14年、40万円だったら25年もかかるじゃないですか」

「オッ！　頭の回転がいいな」

「投資額1000万円を家賃収入年額70万円で割れば、答えは約14年です。そのくらいの計算はできます。それより、1000万円も投資してたとえ40万円でもリターンが継続的に得られればいいけど、もしもヘタな物件をつかんでしまったら、ハイリスク・ノーリターンじゃないですか。株より危ないですよ」

「いまのキミたちのレベルで手を出したら、たしかにハイリスク・ノーリターンもあり得る。しかし、ファイナンシャル・リテラシーを身につけ、なおかつ、これから私が教えることをマスターすれば、ミドルリスク・ミドルリターンで長期的資産形成に適したプチ資産家への王道を進むことができる。ここでコースアウトするか？　それとも先へ進むか、どうする?」

「一応、進めてください」

第Ⅱ部
誰でもできる賃貸マンション投資による資産形成

第Ⅱ部は、いよいよ普通のサラリーマンが20年後のプチ資産家を目指すための具体的方法論です。ここまで読んできて、ファイナンシャル・リテラシーがある程度身についていれば、以下の内容をフォローアップすることは難しくないでしょう。第Ⅱ部は対話よりも先生の説明部分が多くなりますが、読者はシンジ君やカナさんになったつもりで読み進めてください。

第1章　はじめにライフプランありき

人生の三大資金

「いいか、資産形成のための投資は闇雲に始めるものではないぞ。まずライフプランがあって、それをかなえるためのマネープランの一つとして投資がある。投資を始める前に自分と家族のライフプランづくりが大切だ。人生での三大資金は何だか知っているかね？」

「教育資金・住宅資金・老後資金です」

「そのとおり。子どもができれば少なくとも幼稚園から高校までの教育資金を準備するのは親の務めだ。すべて公立でも約504万円、すべて私立だったらその３倍以上必要だ。

文部科学省の平成22年度子どもの学習費調査によると、幼稚園３歳から高校卒業までの15年間の学習費総額は、幼稚園と高校が私立で小・中公立の場合は約756万7000円となっている。ちなみにすべて公立の場合は約503万9000円、すべて私立の場合は約1701万6000円で、すべて公立に比べてすべて私立は約3.4倍もの開きがある（図７）」

図７　幼稚園３歳から高等学校第３学年までの１５年の学習費総額

（単位：円）

<table>
<tr><th rowspan="2">区分</th><th colspan="4">学習費総額</th><th rowspan="2">合計</th></tr>
<tr><th>幼稚園</th><th>小学校</th><th>中学校</th><th>高等学校</th></tr>
<tr><td>ケース１
（すべて公立）</td><td rowspan="3">662,340
（公立）</td><td rowspan="3">1,821,397
（公立）</td><td rowspan="3">1,379,518
（公立）</td><td rowspan="3">1,175,267
（公立）</td><td>5,038,522
（公→公→公→公）</td></tr>
<tr><td>ケース２
（幼稚園だけ私立）</td><td>5,987,100
（私→公→公→公）</td></tr>
<tr><td>ケース３
（高等学校だけ私立）</td><td>6,618,498
（公→公→公→私）</td></tr>
<tr><td>ケース４
（幼稚園及び高等学校が私立）</td><td rowspan="3">1,610,918
（私立）</td><td rowspan="3">8,810,687
（私立）</td><td rowspan="3">3,839,621
（私立）</td><td rowspan="3">2,755,243
（私立）</td><td>7,567,076
（私→公→公→私）</td></tr>
<tr><td>ケース５
（小学校だけ公立）</td><td>10,027,179
（私→公→私→私）</td></tr>
<tr><td>ケース６
（すべて私立）</td><td>17,016,469
（私→私→私→私）</td></tr>
</table>

出典：文部科学省「平成22年度子どもの学習費調査」
http://www.mext.go.jp/b_menu/houdou/24/02/1316221.htm

「結婚して子供ができたら、教育資金は避けては通れませんね」

「老後資金はさておき、教育資金と住宅資金は必要な時期が重なってしまう。教育資金は子どもができたら待ったなしだが、住宅資金は持ち家か賃貸かの選択ができる。これらの時期と金額を見据えて、老後のための投資も含めたマネー・プランを作成すると将来への漠然とした不安がなくなり、具体的行動指針が明確になる」

図8　持ち家vs賃貸マンション支払総額

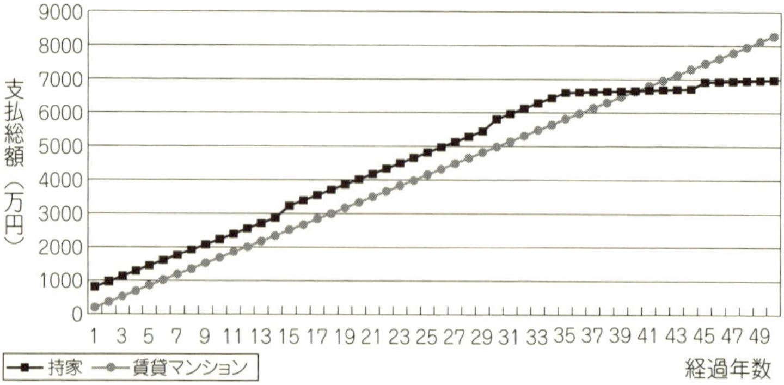

持家前提条件:
持家物件価格　3500万円　諸経費150万円
ローン融資額　3150万円　頭金　500万円
元利均等返済　融資期間　35年　固定金利　3%
年間返済額　146.6万円（月額　12.2万円）
固定資産税・都市計画税　年額12万円
リフォーム費　15年ごとに　200万円
初年度費用　約809万円

賃貸前提条件:
家賃　月額　13.2万円
※持家の住居費月額相当
敷金　13.2万円
礼金　13.2万円
仲介手数料　13.2万円
更新料（2年ごと）　13.2万円
初年度費用　約198万円

持ち家派対賃貸派、生涯支払額のシミュレーション

参考までに、持ち家派対賃貸マンション派で生涯の支払総額の推移をシミュレーションしてみたのが図8だ。持ち家派が35年住宅ローンを払い終えるまでは、賃貸派のほうが支払総額は少ないが、持ち家派のローン完済後は両者の差が縮まって約40年後には両派同額となる。以降は持ち家派のほうが有利に見えるが、途中の条件変化を一切無視しているから何ともいえない。木造家屋は40年も経てばリフォームでは済まなくて建て替えが必要な場合もあり得る。もちろん、持ち家派には土地が自分のものになるというメリットはある。それに、これはあくまで条件設定の一例の結果であって、すべてこうだというものではない。

「持ち家で住宅ローンを組んでしまったら、投資用アパートローンは組めなくなりますね？」

「両方組むことは無理だ。住宅ローンを組んでしまったら、現役期間の大半はその返済のために働くかたちになって、大きな投資はできなくなる。だから若いうちは持ち家を考えないほうがいいぞ」

持ち家は足かせ

マイホームは昔もいまもおおかたのサラリーマンの夢だと思う。しかし、一部の地域を除いて昔のような土地の値上がりはもう期待できないし、ウワモノは毎年資産価値が減少して、木造ならば約20年で評価価値ゼロとなる。毎年固定資産税と都市計画税を払わなくてはいけない。10～15年ごとに大規模修繕費用が発生する。持ち出し一方で、何もキャッシュフローを生んではくれない。持ち家のためにたとえば35年住宅ローンを組んだとしたら、現役時代の大半は住宅ローンの返済のために働くかたちになってしまい、まさに足かせをはめられてしまう。

それに対して賃貸マンション投資は家賃という金の卵を産んでくれる金の鶏だ。プチ資産家になるまでは賃貸に住んでキャッシュフローを生んでくれる金の鶏に投資ができるようにしたほうがよくはないか？

「賃貸マンションに住んで毎月家賃を払い続けても自分のものにならないなら、住宅ローンを払って持ち家が残ったほうがよいという人もいますね」

「価値観は人それぞれだからな。キミたちだったらファイナン

シャル・リテラシーをはたらかせて、どちらが最終的にキャッシュフローを生んでくれる資産形成ができるか、よく考えてみることだ」

「若いうちは転勤の可能性や子どもの成長に合わせて間取りの変更も必要になることを考えたら、たしかに賃貸マンションに住むほうが自由がききますね」

「ついでにいうと、東京都心のような都会に住んでいるのなら、車も持たないほうがよい。木造の家は20年で価値がゼロになるといったが、車の場合は新車から約10年で評価価値ゼロとなる。毎年の自動車税、2年ごとの車検代、円安で値上がりするガソリン代など、持ち家と同様に持ち出し一方で、何もキャッシュフローを生んではくれない。郊外や地方では車が必須の場合も多いが、そうでないのなら、必要の都度レンタカーを利用するほうが賢明だな」

「カーシェアリングという手もありますしね」

「三大資金三つ目の老後資金も貯金や投資で準備するなら、時間が必要だから早く始めるに越したことはないぞ」

「先生、老後資金はどのくらい準備すればいいんですか？」

「ちまたには3000万円必要だとか、いや1億円必要だとかいろいろな情報が飛び交っている。しかし、人それぞれ生活費やもらえる公的年金額、ライフイベントが異なるのだから、一律

いくら必要といえるものではない。個々に自分で計算してみる必要がある」

老後資金はどのくらい必要か

参考までに生命保険文化センターの「平成22年度生活保障に関する調査」によると、夫婦二人が老後生活を送るうえで必要な最低日常生活費の平均は月額22万3000円、ゆとりのための上乗せ額の平均が月額14万3000円で合計月額36万6000円、年額にして約439万円となっている。

一方、政府統計の「年金制度基礎調査（老齢年金受給者実態調査）平成23年」によると世帯として厚生・共済年金ありの夫婦世帯の平均公的年金額は約279万円（月額約23万3000円）となっている。

その差160万円（月額約13万3000円）に平均余命を掛ければ必要な老後資金の目安が計算できる。厚生労働省の「平成22年簡易生命表」によると、公的年金の支給が始まる65歳時点での平均余命は男性が約19年、女性が約24年となっているから、試しに男性の19年を掛ければ3040万円という数字が出てくるが、これに老後のライフイベント（たとえば夫婦で海外旅行とか）の費用を加えた金額が老後の必要資金で、この数字から退職金の予想金額等を引いた額が貯蓄や投資で準備しないといけない目安金額となる。

「すると3000万円というのはあながち的外れでもない金額ですね」

「あくまでも平均的目安だがね。そうそう、老後生活はストック取り崩し型とキャッシュフロー型と大きく２つに分かれることを頭に入れておくとよい」

「ストック?」

「ストックとは蓄えだ。つまり貯金や投資で退職時点までに蓄積した蓄えを取り崩して生活していくのがストック取り崩し型。家賃収入で生活してゆくのはキャッシュフロー型だ」(図9)

ストック取り崩し型とキャッシュフロー型の老後比較

図9はあくまでもイメージ図だが、ストック取り崩し型は年金支給開始年齢65歳までに老後資金を蓄積し、65歳以降は公的年金を基本生活費に充て、ゆとりのための生活費は蓄積した老後資金を取り崩していくことになる。サラリーマンはストック取り崩し型になるのが一般的だが、定年後の収入がないから長生きするとストックが底をついてしまう「長生きリスク」がある。これに対してキャッシュフロー型は、定年後も家賃収入などのキャッシュフローをゆとりのための生活費に充てるので、貯蓄を取り崩す必要がない。したがって、「長生きリスク」もない。

「ではキャッシュフロー型を目指すことにして、ワンルームマンション投資で老後のゆとりのための生活費を準備しようと考えたら、一室当たり家賃手取りが仮に5万円として3室持ったらいいわけですね」

「そのとおり。ストック取り崩しタイプよりずっといいと思わないか?」

図9　貯蓄取り崩し型とキャッシュフロー型の老後イメージの比較

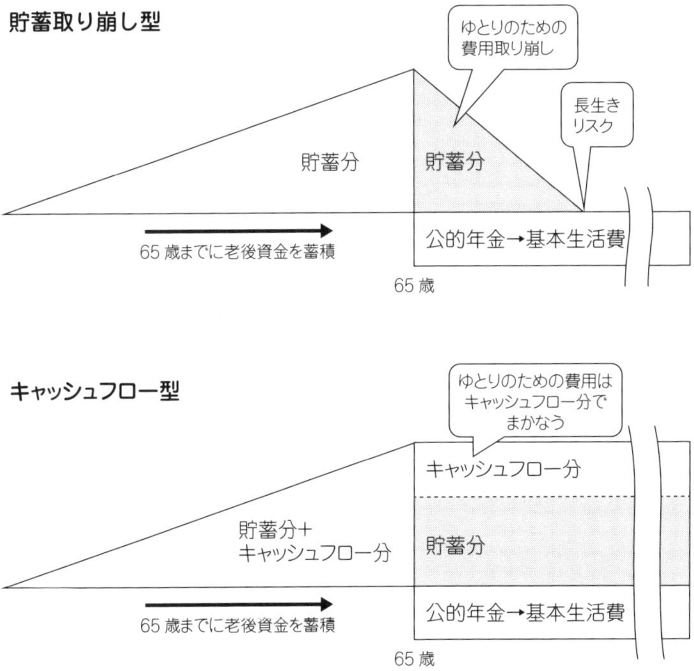

キャッシュフロー表をつくる

「人生の三大資金以外にも人によってさまざまなライフイベントがあり、それに伴う資金が必要になる」

「子どもの結婚とか、夫婦で海外旅行とか、家のリフォームとか・・・」

「そうだ。資金が必要になる投資も含めて、それらを盛り込ん

で時系列に表したのがライフプランだ。人生の大まかな航海図みたいなものだ」

「ライフプランというのは予想されるライフイベントとその想定時期をリストアップすればいいんでしょうけど、マネー・プランというのは具体的にどうすればいいんですか？」

「マネー・プランのために作成すると便利なのが『キャッシュフロー表』だ。キャッシュフロー表は、自分自身や家族のライフイベントと毎年の収入・支出、そして貯蓄をもとに将来の家計の様子を一目で見渡すことができる。投資資金の準備や投資で得られるキャッシュフローもこのキャッシュフロー表に盛り込めば、鬼に金棒のライフプランづくりが可能だぞ」

「なんか難しそうですね。だって、将来のお金の出入りを予測するんでしょう？」

「過去１年間の収入と支出、それから現在保有している金融資産を把握して、それをベースに基本生活費とか住居費とかの費目別に一定の変動率を掛けて本年以降の収入と支出、貯蓄高の推移を算出する。表計算ソフトを使えば自動計算してくれるから、何も難しいことはないぞ」

キャッシュフロー表の作り方

表計算ソフトを利用して**図10**のようなキャッシュフロー表をつくろう。左端項目の家族欄に家族の名前を記入、現在年齢を右横の経過年数0の欄に記入する。この例では、東京太郎さんが30歳、妻の花子さんが28歳、長男の一郎君が4歳だ。横軸方向に経過年数とともにそれぞれプラス1して経過年数ごとの家族の年齢が表示されるようにする。次にその下のライフイベント欄に家族のライフイベントを記入する。この例では、長男一郎君が幼稚園に入園、太郎さんの親から入園祝い金30万円をもらった。

その下の収入欄は、給与収入、パート収入、その他収入、一時収入に分けて年間収入を万円単位に四捨五入して記入する。いずれも手取り額を記入する。収入合計欄はこの4分類の収入合計だ。変動率欄は経過年数とともに上昇が見込める費目の場合にそのパーセンテージを記入して自動計算されるようにするが、わからなければ0としておこう。その場合、経過年数とともに同じ数字が横方向に並ぶ。

さらにその下の支出欄には、基本生活費、住居費など、例示のような費目分類で年間支出額をやはり万円単位で記入する。年間支出額実績を把握するのが手間なら、家計簿や生活費用の預金通帳をもとに3か月分くらいの各費用を出して3で割って、それを12倍する方法でもよいだろう。支出合計欄は各費目の支出合計だ。

年間収支欄は収入合計マイナス支出合計が自動計算されるように計算式を入れる。貯蓄残高欄は、現時点での保有資産残高を経過年数0の欄に記入しよう。この例では300万円あり、定期預金を想定して変動率0.5%（利息0.5%）としてある。右隣の経過年数1の貯蓄残高欄は左隣の経過年数0の貯蓄残高に利息0.5%分を加えて、さらに経過年数1の年間収支を加えた数字に自動計算されるよう数式を入れる。収入合計、支出合計、年間収支、貯蓄残高の各欄の計算式を右方向に各経過年数欄にコピーしてキャッシュフロー表ができあがる。

キャッシュフロー表の年間収支と貯蓄残高の推移を例示のようにグラフ化すれば、家計の生涯にわたる問題点の有無が一目でわかる。

図10 キャッシュフロー表の一例

	経過年数		0	1	2	3	4	5	6	7	8
	項目	変動率	2014	2015	2016	2017	2018	2019	2020	2021	2022
家族·年齢	東京太郎	—	30	31	32	33	34	35	36	37	38
	東京花子	—	28	29	30	31	32	33	34	35	36
	東京一朗	—	4	5	6	7	8	9	10	11	12
	ライフイベント		一郎幼稚園入園:親から入園祝い30万円	親から援助110万円	親から援助110万円	一郎小学校入学:親から入学祝い110万円	賃貸マンション投資頭金		家族で旅行		
収入	給与収入	0.0%	300	300	300	300	300	300	300	300	300
	パート収入	0.0%	103	103	103	103	103	103	103	103	103
	その他収入						15	60	60	60	60
	一時収入	0.0%	30	110	110	110					
	収入合計		433	513	513	513	418	463	463	463	463
支出	基本生活費	0.0%	216	216	216	216	216	216	216	216	216
	住居費	0.0%	96	96	96	96	96	96	96	96	96
	教育費	0.0%	15	15	15	30	30	30	30	30	30
	車関連費	0.0%									
	保険料	0.0%	24	24	24	24	24	24	24	24	24
	投資連費	0.0%	24	24	24	24	24	24	24	24	24
	その他支出	0.0%					15	60	60	60	60
	一時支出	0.0%	20			20	280		50		
	支出合計		395	375	375	410	685	450	500	450	450
	年間収支		38	138	138	103	−267	13	−37	13	13
	貯蓄残高	0.5%	300	440	580	686	422	437	402	417	432

年間収支·貯蓄残高推移

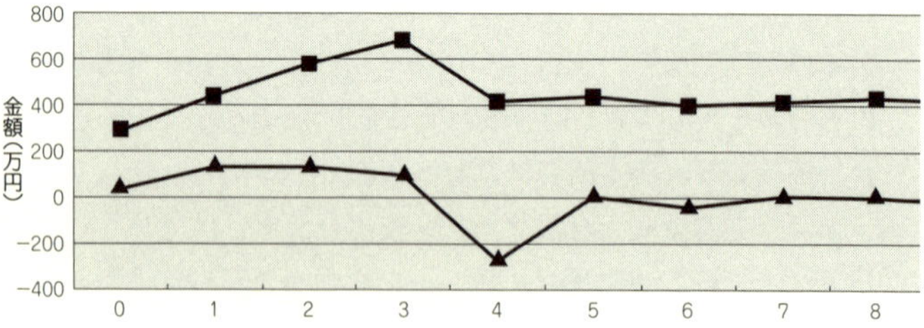

経過年数

9	10	11	12	13	14	15	16	17	18	19	20
2023	2024	2025	2026	2027	2028	2029	2030	2031	2032	2033	2034
39	40	41	42	43	44	45	46	47	48	49	50
37	38	39	40	41	42	43	44	45	46	47	48
13	14	15	16	17	18	19	20	21	22	23	24
一郎中学校入学			一郎高等学校入学			一郎大学校入学				一郎就職	
300	300	300	300	300	300	300	300	300	300	300	300
103	103	103	103	103	103	103	103	103	103	103	103
60	60	60	60	60	60	60	60	60	60	60	60
463	463	463	463	463	463	463	463	463	463	463	463
216	216	216	216	216	216	216	216	216	216	216	216
96	96	96	96	96	96	96	96	96	96	96	96
40	40	40	40	40	40	75	75	75	75		
24	24	24	24	24	24	24	24	24	24	24	24
24	24	24	24	24	24	24	24	24	24	24	24
60	60	60	60	60	60	60	60	60			
20			30			100					
480	460	460	490	460	460	595	495	495	435	360	360
-17	3	3	−27	3	3	−132	−32	−32	28	103	103
418	423	428	403	408	413	283	252	222	251	355	460

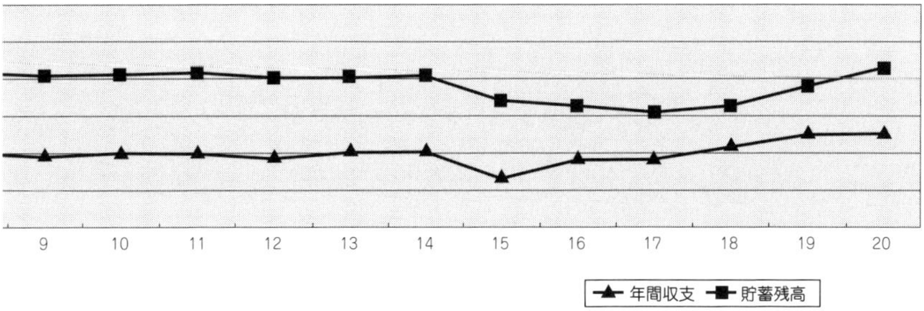

「東京太郎さんのキャッシュフロー表の例では、長男一郎君の大学入学から在学中にかけて家計が低空飛行になることがわかりますね」

「もし、将来貯蓄が底をつくようであれば、いまから対策（①収入を増やす、②支出を減らす、あるいは時期をずらす、③投資のリターンを増やす）を考えることができるから、キャッシュフロー表は『転ばぬ先の杖』だ」

「長男一郎君には大学資金を100％親に頼らず、奨学金をもらうとか、アルバイトで学費の一部を稼ぐとかさせればいいんですね。それと、経過年数1年目から3年目まで貯蓄残高が上がり続けて4年目でどんと落ちていますね。これは？」

「賃貸マンション投資を始めるには最低でも自己資金が300万円前後必要だが、東京太郎さんの場合は親から援助を受けて300万円前後を用意した例だ。年間110万円以下の贈与であれば、贈与税がかからない。4年目でどんと落ちたのは、4年目のライフイベントと一時支出の欄を見ればわかるように、賃貸マンション投資の頭金280万円を支払ったからだ」

「家賃収入やローン返済金が表には表れていませんが？」

「家賃収入手取りは『その他収入』、ローン返済は『その他支出』に記入されている。『家賃収入』や『投資ローン返済』という欄を追加したほうがわかりやすいかもしれない。東京太郎さんの場合は、入ってきた家賃収入がまるまるローン返済で出

てゆくので、年間収支や貯蓄残高には影響していない」

「住宅ローンの場合は支出の『住居費』の欄に記入すればいいんですか?」

「そのとおり。私が勧める賃貸マンション投資の効果としては、自己資金を投資した時点で貯蓄残高が減少し、家賃収入はローン返済で支出に回るので返済期間中はキャッシュフローが増えないが、ローン返済が終わった途端に「①収入を増やす」効果が表れることになる（図10の18年目以降参照）。このような現時点から始まって生涯を見通した年次キャッシュフロー表をつくって、定常的な収入支出のほかにライフイベントに伴う出費、さらに投資を盛り込んで貯蓄残高の推移が見られるようにしておくと、家計の舵取りがうまくできるようになる」

「最初つくったキャッシュフロー表どおりに事が進めばいいですけど、もし予定と違ってきたらどうするんですか?」

「ライフイベントの変更があれば、その都度キャッシュフロー表に見直しをかければよい。変更がなくても一年に一度は変化が起きていないかどうかキャッシュフロー表の見直しをしたほうがいいぞ」

第2章　プチ資産家への助走

個人事業を始める

「将来プチ資産家になるための第一歩は、事業家になることだ。といってもサラリーマンをやめるのではないから心配する必要はない。サラリーマンを本業としながら、副業で何か事業を始めるのだ」

「いきなり事業といわれたって・・・」

「かつて『週末起業家』というのがはやったことがあるが、別に週末に限ることはない。たとえばネット通販やアフィリエイトなどは勤めから帰った後にいくらでもできる。挿し絵ライターでもよいし、執筆業でもよい。

条件は、金額にかかわらず継続した収入が見込めることと、本業に支障をきたさないこと、これだけだ」

「なぜ賃貸マンション投資を始める前に事業家にならなければいけないんですか？」

「誰でもいきなり不動産投資を始められるわけではない。まず

は不動産投資の勉強をしつつ、最低300万円の自己資金（生活資金とは別の余裕資金）を貯めなければならない。そして、不動産投資を始めたら避けて通れないのは確定申告だ。サラリーマンを続けながら兼業事業家になることはいろいろ意味があるが、まずは自分で確定申告をすることに慣れることが狙いだ。自分で確定申告をすると、課税のしくみがわかり、そうすると源泉徴収された税金の一部取り戻し（還付）が可能になる」

一般的サラリーマンの税務申告

所得税法上は給与収入以外の収入が20万円以内であれば確定申告する必要はないことになっており、一般的サラリーマンはすべて会社にオマカセという人が大半だろう。

サラリーマンの場合、実際の必要経費の多少に関わらず、ある一定の算式で必要経費相当額や控除額と税額が計算されて毎月の給与から源泉徴収され、年末調整で最終的な税額が決定して精算される。極めて機械的で、実際に要した必要経費を反映させる余地がほとんどない。

しかし、給与所得以外に事業所得を得て自分で確定申告をしてみると、自営業者と同じように必要経費として控除対象になる費用を自己申告できて、税金が還付される余地が大幅に広がることに気づくだろう。

詳しいことは後の節税知識の項で説明する。

税務署に届けを出す

「ネットのアフィリエイトくらいだったら自分でも始められそうですが、事業家になるには手続きが大変なんじゃないですか?」

「なに、事業家になるための手続きはいたって簡単だ。居住地を管轄している税務署に『個人事業の開業・廃業等届出書』を提出するだけでよい」

「事業計画書とか、面倒な書類は要らないんですか？」

「開業届出書の提出だけでよい。記入事項もいたってシンプルで難しくないぞ。この書類を提出すれば、キミは立派な『個人事業家』だ。これだけでサラリーマンのときには申告できなかった必要経費が申告できるようになる。

サラリーマン兼事業家になることは、将来プチ資産家になるためのパスポートと心得よ！」

個人事業の開業・廃業等届出書

書式は**図11**参照。同届出書の記入箇所は、提出先税務署名、提出年月日、納税地（住所・電話番号を記入）、氏名、生年月日、職業（アフィリエイトとか、個人事業について記載）、屋号（空欄でよい）、届出の区分（開業にマルをするだけ）、開業日、事業の概要などを簡潔に書けばよい。ほかには、「開業に伴う届出書の提出の有無」欄は、後述のように「青色申告承認申請書」を提出する場合は「有」にマル、「消費税に関する届出書」は「無」にマルをする。「給与等の支払いの状況」は自分一人だけの場合は空欄でよい。提出期限は開業の日から2か月以内となっている。

図11 個人事業の開業・廃業等届出書

税務署受付印　　　　　　　　　　　　　　　　1 0 4 0

個人事業の開業・廃業等届出書

＿＿＿＿＿＿税務署長

＿＿年＿＿月＿＿日提出

納税地	住所地・居所地・事業所等（該当するものを○で囲んでください。） （TEL　－　－　）				
上記以外の住所地・事業所等	納税地以外に住所地・事業所等がある場合は書いてください。 （TEL　－　－　）				
フリガナ 氏名	㊞	男・女	生年月日	大正 昭和 平成　年　月　日生	
職業		フリガナ 屋号			

個人事業の開業・廃業等について次のとおり届けます。

届出の区分 （該当する文字を○で囲んでください。）	開業（事業の引継ぎを受けた場合は、受けた先の住所・氏名を書いてください。） 住所＿＿＿＿＿＿　氏名＿＿＿＿＿＿ 事務所・事業所の（新設・増設・移転・廃止） 廃業（事由） （事業の引継ぎ（譲渡）による場合は、引き継いだ（譲渡した）先の住所・氏名を書いてください。） 住所＿＿＿＿＿＿　氏名＿＿＿＿＿＿			
開業・廃業等日	開業や廃業、事務所・事業所の新増設等のあった日	平成　年　月　日		
事業所等を新増設、移転、廃止した場合	新増設、移転後の所在地	（電話）		
	移転・廃止前の所在地			
廃業の事由が法人の設立に伴うものである場合	設立法人名		代表者名	
	法人納税地		設立登記	平成　年　月　日
開業・廃業に伴う届出書の提出の有無	「青色申告承認申請書」又は「青色申告の取りやめ届出書」	有・無		
	消費税に関する「課税事業者選択届出書」又は「事業廃止届出書」	有・無		
事業の概要 （できるだけ具体的に書いてください。）				

給与等の支払の状況					
区分	従事員数	給与の定め方	税額の有無	その他参考事項	
専従者	人		有・無		
使用人			有・無		
			有・無		
計					
源泉所得税の納期の特例の承認に関する申請書の提出の有無			有・無	給与支払を開始する年月日	平成　年　月　日

関与税理士 （TEL　－　－　）	税務署整理欄	整理番号	関係部門連絡	A	B	C	D	E

源泉用紙交付	通信日付印の年月日	確認印
	年　月　日	

出典：国税庁ホームページ
http://www.nta.go.jp/tetsuzuki/shinsei/annai/shinkoku/pdf/04.pdf

「本当にこれだけでいいんですか？」

「そうだ。それと、『個人事業の開業・廃業等届出書』を提出するとき、一緒に『所得税の青色申告承認申請書（兼）現金主義の所得計算による旨の届出書』も提出してしまうと手間が省ける」

所得税の青色申告承認申請書（兼）現金主義の所得計算による旨の届出書

書式は図12参照。こちらの書式も記入は簡単だ。提出先税務署名、提出年月日、納税地、氏名、生年月日、職業、屋号まではまったく同じ。1項は、事業所があるわけではないから名称は空欄のまま、所在地だけ自宅住所を記載すればよい。2項は「無」にマル。3項は、本年1月16日以降に開業した場合、その開始年月日を記入。4項は、相続による承継ではないから「無」にマル。5項、6項は該当所得や資産・負債がなければ空欄のままでよい。7項は、「現金式簡易帳簿」にマルをする。この届出だけで、事業所得も不動産所得も青色申告できるようになる。「現金主義の所得計算による旨の届出」というのは、正式帳簿（複式簿記）でなく、現金式簡易帳簿で収入・支出を記帳しますよという届出だ。提出期限は同じく開業の日から2か月以内となっている。

「青色申告というのはそもそもなんですか？」

「事業所得や不動産所得の確定申告には記帳義務のありなしで二通りあって、帳簿による裏づけが必要なのが青色で、記帳義務のないのが白色だ。白色申告書は普通の印刷だが、青色申告書のほうは緑色（通称アオ）インクで印刷されている」

図12 所得税の青色申告承認申請書（兼）現金主義の所得計算による旨の届出書

税務署受付印　　　　　　　　　　　　　　　　　　　　1 1 0 0

所得税の青色申告承認申請書
現金主義の所得計算による旨の届出書

＿＿＿＿＿＿税務署長

平成＿＿年＿＿月＿＿日提出

納税地	住所地・居所地・事業所等（該当するものを○で囲んでください。） （TEL　　　）		
上記以外の住所地・事業所等	納税地以外に住所地・事業所等がある場合は書いてください。 （TEL　　　）		
フリガナ 氏名	㊞	生年月日	大正 昭和　年　月　日生 平成
職業		フリガナ 屋号	

平成＿＿年分以後の所得税の申告は、青色申告書によりたいので申請します。
なお、この申請が認められた場合は、不動産所得及び事業所得の金額の計算について「現金主義による所得計算の特例」の適用を受けることとしたいので、あわせて届けます。

1　事業所又は所得の基因となる資産の名称及びその所在地（事業所又は資産の異なるごとに書いてください。）
名称＿＿＿＿＿＿　所在地＿＿＿＿＿＿
名称＿＿＿＿＿＿　所在地＿＿＿＿＿＿

2　いままでに青色申告承認の取消しを受けたこと又は取りやめをしたことの有無
(1)　有（取消し・取りやめ）　＿＿年＿＿月＿＿日　(2)　無

3　本年1月16日以後新たに業務を開始した場合、その開始した年月日　＿＿年＿＿月＿＿日

4　相続による事業承継の有無
(1)　有　相続開始年月日　＿＿年＿＿月＿＿日　被相続人の氏名＿＿＿＿＿＿　(2)　無

5　現金主義による所得計算の特例の適用を受けようとする年の前々年分の所得（前年12月31日現在で書いてください。）
(1)　不動産所得の金額＿＿＿＿円 ＋ 事業専従者控除額＿＿＿＿円 ＝ ＿＿＿＿円　（赤字のときは0）
(2)　事業所得の金額＿＿＿＿円 ＋ 事業専従者控除額＿＿＿＿円 ＝ ＿＿＿＿円　（赤字のときは0）
(3)　(1) ＋ (2) ＝ ＿＿＿＿円

6　現金主義による所得計算の特例の適用を受けようとする年の前年12月31日（年の中途で開業した人は、その開業の日）現在の売掛金、買掛金等の資産負債の額（裏面の記載欄に書いてください。）

7　その他参考事項
(1)　備付帳簿名　現金式簡易帳簿・その他（　　　）
(2)　その他

関与税理士
（TEL　　　）

税務署整理欄	整理番号	関係部門連絡	A	B	C	D	E
	0						

通信日付印の年月日	確認印
年　月　日	

出典：国税庁ホームページ
http://www.nta.go.jp/tetsuzuki/shinsei/annai/shinkoku/pdf/10.pdf

青色申告のメリット

青色申告にすれば、複式簿記による正式帳簿を用い、事業的規模（不動産管理事業の場合であれば5棟10室以上）ならば65万円、事業的規模に満たない場合や、正式帳簿に代わる現金式簡易帳簿の場合は10万円の特別控除を受けられる。帳簿は7年間、関係領収書類は5年間保存義務がある。

なお、白色の場合でも前々年ないし前年の事業所得と不動産所得の合計が300万円を超える人は記帳義務が生ずるから、多少面倒でも青色で申告をしておいたほうがいいのではないか。

「現金式簡易帳簿とはどういうものですか？」

「事業に係る収入・支出の発生の都度、日付、摘要、収入金額、支出金額、現金残高を記入しておけばよい（図13）。大学ノートに罫線を引いて使ってもよいし、出来合いの帳簿をネットショッピングなどで買うこともできるぞ。国税庁のホームページからダウンロードできる『帳簿の記帳のしかた（事業所得者用）』も参考にするとよい」

図13　現金式簡易帳簿の例

○○年 月	日	適用	入金		出金		現金残高
			現金売上	その他	現金仕入	その他	
1	1	前年より繰越					500,000
1	10	PCソフト購入			3,800		496,200
1	14	書籍購入			1,470		494,730
1	23	プリンタインク5色1式購入			4,980		489,750
1	27	アフィリエイト収入		30,000			519,750
							519,750

確定申告をする

「開業届出が簡単なのはわかりましたが、確定申告は手間がかかるんでしょ？」

「確定申告は、その年の1月1日から12月31日までを課税期間として、その間の収入・支出を確定申告書にまとめて翌年の2月16日から3月15日までに所轄の税務署に提出する、一年に一回の行事だ。事業に係る日常の収入・支出の記帳をしておけばさほど手間はかからない」

「さきほどの現金式簡易帳簿というやつですね？」

「大学ノートでなく表計算ソフトを使って記帳していれば、収支計算書にまとめる作業もあっという間にできてしまう」

「確定申告書は国税庁のホームページからダウンロードできるようですが、いろいろなフォームがリストアップされていて、どれを選んだらよいのかわかりません」

「主となる申告書のフォームにはAとBがあって、給与所得だけの場合は申告書A、事業所得や不動産所得がある場合は申告書Bを用いるんだ」

確定申告書B

第一表と第二表とがあって、第一表は金額の記入のみ、第二表はその内訳を記述する様式だ。基本的には、国税庁のホームページからダウンロードできる「所得税の確定申告の手引き（確定申告書B用）」に従って足し、引き、掛け算を行って結果を記入するだけだから何も難しくはない。

第一表の大項目が「収入金額等」、「所得金額」、「所得から差し引かれる金額」、「税金の計算」、「その他」となっている（**図14**）。そして、各項目は次の関係になっている。

収入金額等 − 必要経費等 = 所得金額
所得金額 − 所得から差し引かれる金額
= 税金の計算欄の課税される所得金額
課税される所得金額 × 税率 = 所得税額

「収入金額等」と「所得金額」の欄はそれぞれ、事業、不動産、給与などの項目に分かれている。事業及び不動産については、それぞれの収入、必要経費を申告して事業所得や不動産所得の算出を裏打ちする所得税青色決算書の添付が必要となるが、これは後で説明する。

「給与所得の欄は源泉徴収票から書き写せばいいんですか？」

「そのとおり」

図14　確定申告書B

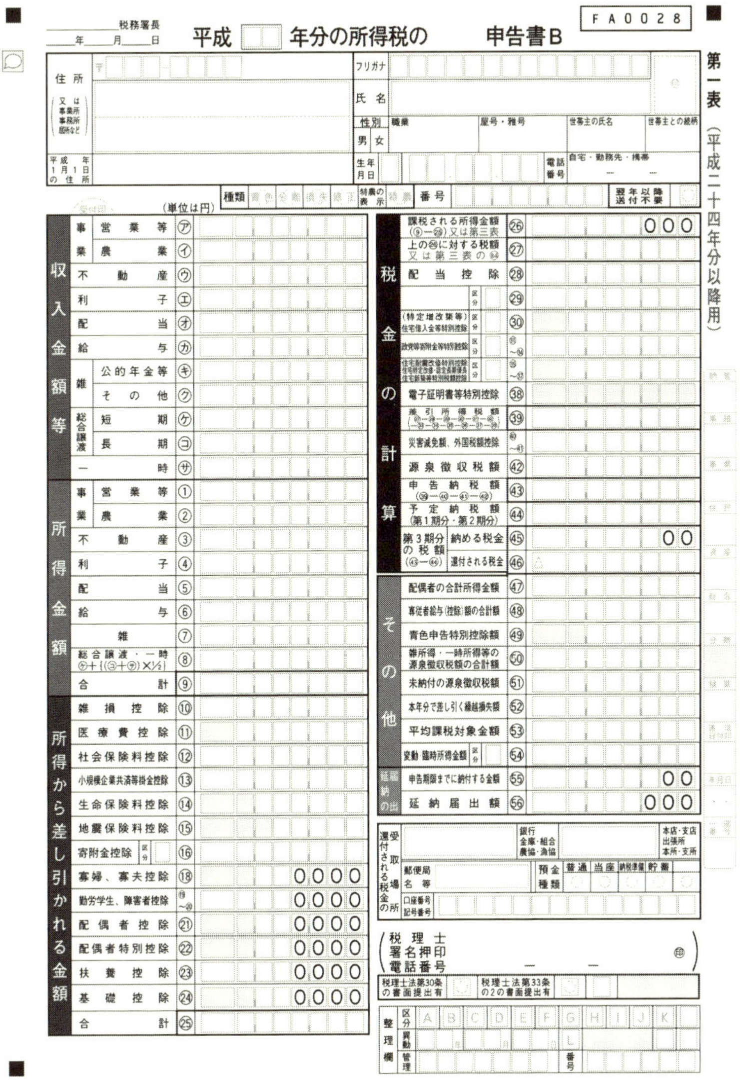

税務署長
年　月　日
平成　年分の所得税の　申告書B
FA0028
第一表（平成二十四年分以降用）

住所（又は事業所 事務所 居所など）
平成　年1月1日の住所
フリガナ
氏名
性別　男　女
職業
屋号・雅号
世帯主の氏名
世帯主との続柄
生年月日
電話番号　自宅・勤務先・携帯
種類　青色　分離　損失　修正
特農の表示　特農
番号
翌年以降送付不要
（単位は円）

区分		項目	記号
収入金額等	事業	営業等	㋐
		農業	㋑
		不動産	㋒
		利子	㋓
		配当	㋔
		給与	㋕
	雑	公的年金等	㋖
		その他	㋗
	総合譲渡	短期	㋘
		長期	㋙
		一時	㋚
所得金額	事業	営業等	①
		農業	②
		不動産	③
		利子	④
		配当	⑤
		給与	⑥
		雑	⑦
		総合譲渡・一時 ㋘＋{(㋙＋㋚)×½}	⑧
		合計	⑨
所得から差し引かれる金額		雑損控除	⑩
		医療費控除	⑪
		社会保険料控除	⑫
		小規模企業共済等掛金控除	⑬
		生命保険料控除	⑭
		地震保険料控除	⑮
		寄附金控除	⑯
		寡婦、寡夫控除	⑱ 0000
		勤労学生、障害者控除	⑲～⑳ 0000
		配偶者控除	㉑ 0000
		配偶者特別控除	㉒ 0000
		扶養控除	㉓ 0000
		基礎控除	㉔ 0000
		合計	㉕

区分	項目	記号
税金の計算	課税される所得金額（⑨－㉕）又は第三表	㉖ 000
	上の㉖に対する税額又は第三表の㊻	㉗
	配当控除	㉘
		㉙
	（特定増改築等）住宅借入金等特別控除	㉚
	政党等寄附金等特別控除	㉛～㉞
	住宅耐震改修特別控除 住宅特定改修・認定長期優良住宅新築等特別税額控除	㉟～㊲
	電子証明書等特別控除	㊳
	差引所得税額	㊴
	災害減免額、外国税額控除	㊵～㊶
	源泉徴収税額	㊷
	申告納税額（㊴－㊵－㊶－㊷）	㊸
	予定納税額（第1期分・第2期分）	㊹
	第3期分の税額（㊸－㊹）納める税金	㊺ 00
	第3期分の税額（㊸－㊹）還付される税金	㊻ △
その他	配偶者の合計所得金額	㊼
	専従者給与（控除）額の合計額	㊽
	青色申告特別控除額	㊾
	雑所得・一時所得等の源泉徴収税額の合計額	㊿
	未納付の源泉徴収税額	51
	本年分で差し引く繰越損失額	52
	平均課税対象金額	53
	変動・臨時所得金額	54
延納の届出	申告期限までに納付する金額	55 00
	延納届出額	56 000

還付される税金の受取場所　銀行 金庫・組合 農協・漁協　本店・支店 出張所 本所・支所　郵便局名等　預金種類 普通 当座 納税準備 貯蓄　口座番号 記号番号
税理士署名押印 電話番号　印
税理士法第30条の書面提出有　税理士法第33条の2の書面提出有
整理欄　区分 A B C D E F G H I J K　異動 L　管理　番号

出典：国税庁ホームページ
http://www.nta.go.jp/tetsuzuki/shinkoku/shotoku/yoshiki01/shinkokusho/pdf/h24/02.pdf

給与所得関係の記入

確定申告書B第一表の給与所得関係の記入に関しては、源泉徴収票の「支払金額」を「収入金額等」の給与欄に、「給与所得控除後の金額」を「所得金額」の給与欄に書き写せばよい。源泉徴収票の「社会保険料等の金額」、「生命保険料の控除額」、「地震保険料の控除額」は「所得から差し引かれる金額」のそれぞれ該当欄に書き写すだけだ。

「所得から差し引かれる金額」のその他の控除に関する欄も源泉徴収票と照らし合わせて、「所得税の確定申告の手引き」に従って控除額を記入すればよい。医療費控除がない場合は、「所得から差し引かれる金額」の合計欄は源泉徴収票の「所得控除の額の合計額」と等しくなるはずだ。源泉徴収票は確定申告書へ貼付して提出が必要だ。

「そうそう、第二表の『住民税・事業税に関する事項』の欄右下に、『給与・公的年金等に係る所得以外の所得に係る住民税の徴収方法の選択』とあり、『給与から差し引き』か『自分で納付』かのどちらかに○をするようになっている。

副業をしていることを会社に知られたくない場合は『自分で納付』に○をしておけば、税務署から会社へのフィードバックはない」

事業所得の申告

「先生、事業所得の申告方法を教えてください」

図15 所得税青色決算書（現金主義用）

○減価償却費の計算

減価償却資産の名称等(繰延資産を含む)	面積又は数量	取得年月	㋑取得価額(償却保証額)	㋺償却の基礎になる金額	償却方法	耐用年数	㋩償却率又は改定償却率	㊁本年中の償却期間	㋭本年分の普通償却費(㋺×㋩×㊁)	㋬割増(特別)償却費	㋣本年分の償却費合計(㋭＋㋬)	㋠事業専用割合	㋷本年分の必要経費算入額(㋣×㋠)	㋦未償却残高(年末残高)	摘要
		年 月 ・	円 (　　)	円		年		月 /12	円	円	円	%	円	円	
		・	(　　)					/12							
		・	(　　)					/12							
		・	(　　)					/12							
		・	(　　)					/12							
		・	(　　)					/12							
		・	(　　)					/12							
		・	(　　)					/12							
		・	(　　)					/12							
		・	(　　)					/12							
		・	(　　)					/12							
計															

(注)　平成19年４月１日以後に取得した減価償却資産について定率法を採用する場合にのみ㋑欄のカッコ内に償却保証額を記入します。

○利子割引料の内訳（金融機関を除く）

支払先の住所・氏名	年末現在の借入金等の金額	本年中に支出した利子割引料	左のうち必要経費算入額
	円	円	円

○税理士・弁護士等の報酬・料金の内訳

支払先の住所・氏名	本年中に支出した報酬等の金額	左のうち必要経費算入額	源泉徴収税額
	円	円	円

○地代家賃の内訳

支払先の住所・氏名	賃借物件	本年中に支出した賃借料・権利金等	左の賃借料のうち必要経費算入額
		権更 円 賃	円
		権更 賃	

◎本年中における特殊事情

— 2 —

出典：国税庁ホームページ
http://www.nta.go.jp/tetsuzuki/shinkoku/shotoku/yoshiki01/shinkokusho/16.pdf

「ネット通販やアフィリエイトなどの個人事業を想定すると、事業所得の確定申告はいたってシンプルだ。はじめての申告は慣れないために１日～２日申告書作成にかかるかもしれないが、一度覚えてしまえば来年以降それをベースにすればよいので半日からせいぜい１日で作成できるようになる。わからないことがあれば、税務署に行って担当者に聞けば繁忙期でない限り親切に教えてもらえる」

所得税青色申告決算書（現金主義用）

事業所得を確定申告書に記入するのは事業にかかわる「収入金額」と「所得金額」だけだが、この数字の根拠となる「所得税青色申告決算書（現金主義用）」（図15参照）の添付が必要だ。内容は「収支計算書」で、現金式簡易帳簿をもとに1年間の合計収入金額と必要経費の集計結果を内訳費目別に記入するだけだ。そして、「収入金額」合計から「必要経費」合計を引いて「所得金額」となる。詳しくは国税庁のホームページからダウンロードできる「青色申告の決算の手引き（現金主義用）」に書いてある。

必要経費としては、届け出た事業に関係するものであれば、事務消耗品、書籍代、ソフト代、交通費、接待費、さまざまな費用を計上できる。これらの費用の領収書なりレシートは月別にファイルポケットに保存しておく。接待費の領収書には人数と接待相手の氏名を書き込んでおくとよい。

接待費は、中小法人の場合は800万円までが必要経費として認められる制限があるが、個人事業主には制限がない。かといって、たとえば100万円の収入しかないのに接待費が300万円も計上されていたら明らかに怪しいと見られる。要は、社会通念上常識レベルでなければならない。

青色申告の場合、帳簿は原則7年間、領収書類は5年間保存しておかねばならない。

交通費については、SUICA等利用の場合いちいち領収書をもらえないから、表計算ソフトに日付、行先、利用交通機関、発駅・着駅、往復/片道、金額を記入して月別に集計されるようにしておけば便利だ。このほか、「家事関連費」の一部も事業経費として計上することができるが、後の節税知識の項で詳述する。

第３章　賃貸不動産投資のしくみ

マクロ的知識

「では、ここから先必要な賃貸不動産投資に関するファイナンシャル・リテラシーの話に入ろう。各種データの引用が多くなるが我慢して要点だけつかんでほしい。まずマクロ的知識を持っておくことは大事だ。図16は国土交通省が毎年発表する地価公示をもとに地価変動率の推移を住宅地と商業地に分けてグラフ化したものだが、特に東京圏は顕著で、平成20年（2008年）のリーマンショック後大きく落ち込んで、平成22年をボトムに回復傾向にある」

「地価は全国的に下げ止まりつつあるというところでしょうか」

「次に図17は総務省統計局の資料で、都道府県別転入・転出超過数のグラフだが、平成22年までは東京都、神奈川県、千葉県、埼玉県の４都県が全国的に見て人口流入の続く地域だった。それが平成23年の東日本大震災後、地盤の液状化が特に広範囲だった千葉県が人口流出に転じている。何がいいたいかというと、マクロ的立地要件としては将来的に人口増加が見込める

図16　地価変動率の推移（年間）

（%）

	住宅地					商業地				
	20公示	21公示	22公示	23公示	24公示	20公示	21公示	22公示	23公示	24公示
全　国	1.3	▲3.2	▲4.2	▲2.7	▲2.3	3.8	▲4.7	▲6.1	▲3.8	▲3.1
三大都市圏	4.3	▲3.5	▲4.5	▲1.8	▲1.3	10.4	▲5.4	▲7.1	▲2.5	▲1.6
東京圏	5.5	▲4.4	▲4.9	▲1.7	▲1.6	12.2	▲6.1	▲7.3	▲2.5	▲1.9
大阪圏	2.7	▲2.0	▲4.8	▲2.4	▲1.3	7.2	▲3.3	▲7.4	▲3.6	▲1.7
名古屋圏	2.8	▲2.8	▲2.5	▲0.6	▲0.4	8.4	▲5.9	▲6.1	▲1.2	▲0.8
地　方　圏	▲1.8	▲2.8	▲3.8	▲3.6	▲3.3	▲1.4	▲4.2	▲5.3	▲4.8	▲4.3

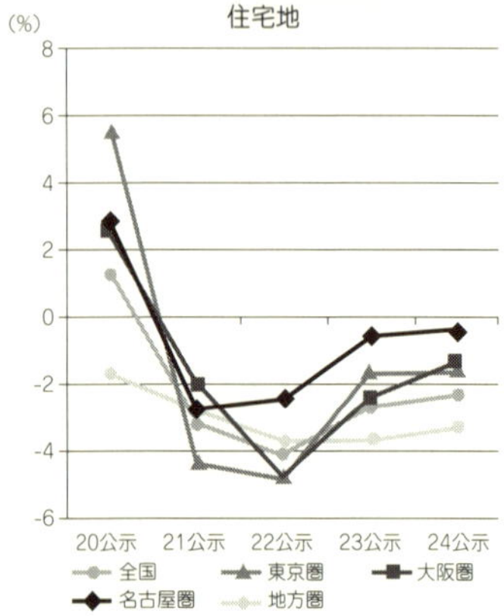

資料：国土交通省「地価公示」

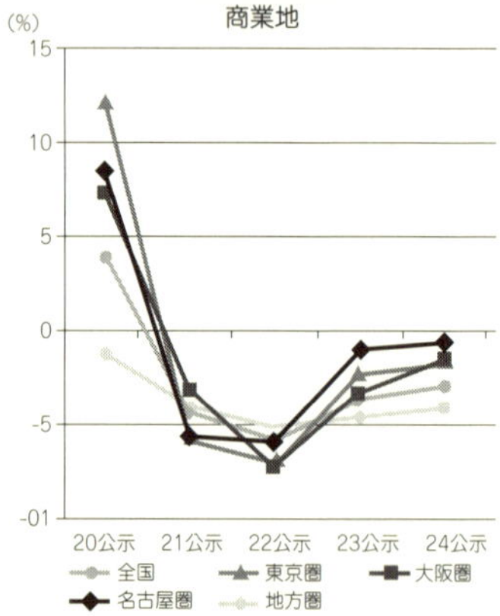

資料：国土交通省「地価公示」

出典：国土交通省「平成２３年度土地に関する動向」
http://www.mlit.go.jp/common/000213889.pdf

地域に物件を探したほうがよいということだ」

「東京圏以外で平成22年まで人口流出だったのに翌年以後流入に転じた地域は、福島県の人たちの移動によるものですね？」

「そのとおり。そういう地域は時間が経てばまたもとに戻ってゆくことが考えられる。長年人口流入が突出している東京都でも、都内をミクロに見てゆけば人口の増加傾向の市区と減少傾

図17 都道府県別転入・転出超過数

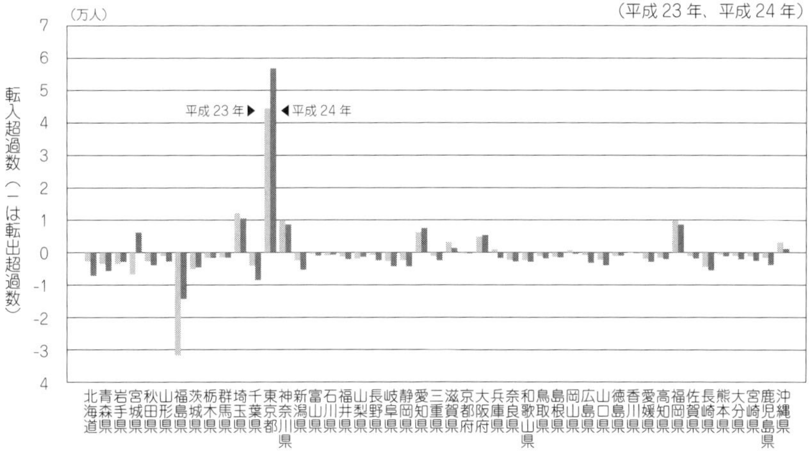

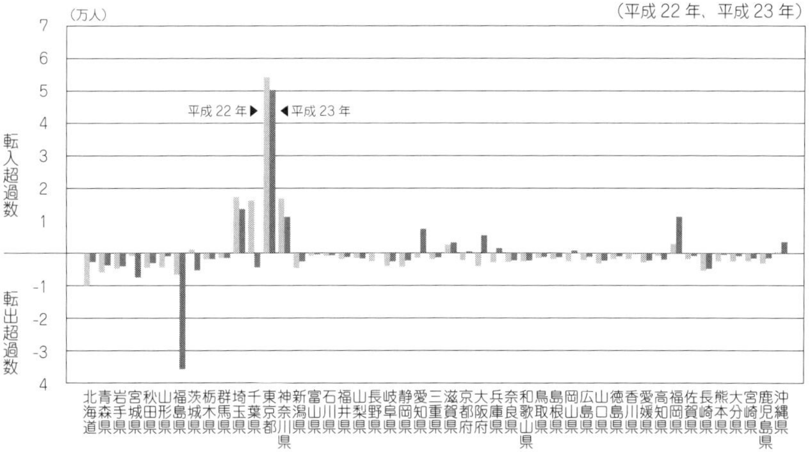

出典：総務省統計局「住民基本台帳人口移動報告　平成２４年結果/平成２３年結果」
http://www.stat.go.jp/data/idou/2012np/kihon/youyaku/
http://www.stat.go.jp/data/idou/2011np/kihon/youyaku/

向の市区があるはずだから、物件の立地選定の一つの判断基準にするとよい」

「同じ市区内でも人口の増加傾向の地区と減少傾向の地区があるはずだから、そこまでミクロにチェックできたら万全ですね」

「そうだな。図18は、『東日本不動産流通機構』がまとめた中古マンションの築年帯別平均価格のグラフだが、築16年から築30年までが踊り場になっている点に注目だ」

「この築年帯の価格が下げ止まっていて、買いごろというわけですね？」

「この築年帯のなるべく若いほうの物件であれば、投資回収を終わって売却するときのキャピタルロスが少なくて済むことが期待できる」

「築16年の物件を購入して、実利回り7%として約14年で投資回収を終わり、築30年時点で売却できればまさに願ったりかなったりですね」

「次に図19だが、『日本不動産研究所』がまとめたオフィス賃料指数及び共同住宅賃料指数の動向だ。オフィス賃料指数のほうは、2007年の不動産バブルをピークに2008年から2009年へかけて落ち込んでいる。一方の共同住宅賃料指数はというと、不動産バブル期に傾斜が平らになった程度で全体としては緩い右肩下がり傾向は変わらない。つまり、**マンション賃料は景況変動の影響を受けにくい**ということが見てとれる。さて、ここまでまとめるとどうなる？」

図18 中古マンションの築年帯別平均価格

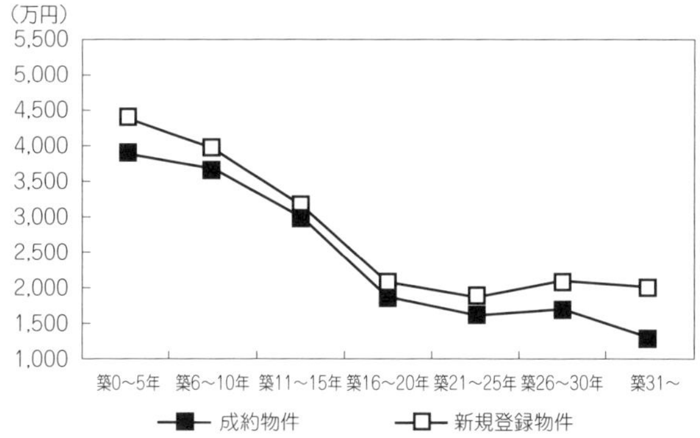

出典：東日本不動産流通機構「REINS TOPIC 築年数から見た首都圏の不動産流通市場」
http://www.reins.or.jp/pdf/trend/rt/rt_201303.pdf

図19 オフィス賃料指数及び共同住宅賃料指数の動向

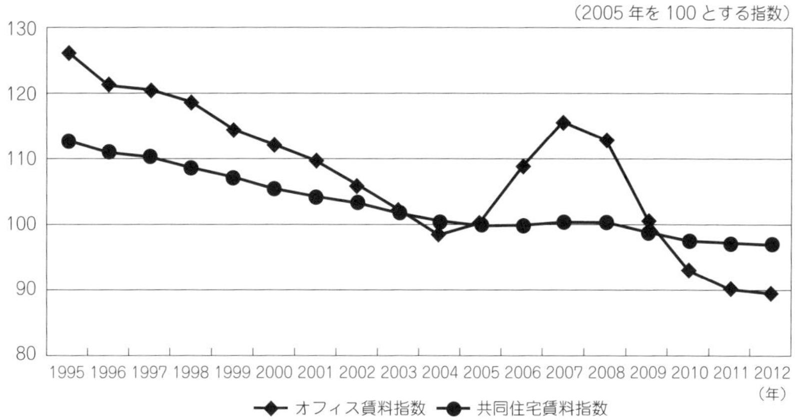

出典：日本不動産研究所「2012年9月末　全国賃料統計　(第17回)」
http://www.reinet.or.jp/?page_id=166

「マクロ的知識としては、**継続的人口増加の見込める東京都、神奈川県、埼玉県内の、築16年以降でなるべく築年の若い中古賃貸マンションが投資対象として好ましい**ということになります」

キャッシュフローモデル

「さて、では賃貸マンション投資の具体的キャッシュフローの話に入ろう。図20は、賃貸ワンルームマンションを投資対象としたときのキャッシュフローを示すモデルだ。まず、投資用ワンルームマンション一室があって、借主が入居している。この一室のオーナーにキミがなったとしよう。このマンションには管理組合があってマンションの専有部分以外の共用部分の管理をしている。ここまではいいかね？」

「専有部分というのは、そのマンションの一室のことですね？」

「厳密にいうと、マンションの構造体である鉄筋コンクリート部分は共用部分で、表面の塗装部分や壁紙部分を含んで取り囲まれている居住空間部分が専有部分だ。ちなみに、玄関ドアや窓サッシ、網戸、ベランダなども共用部分だ。もちろん、専有部分付属のベランダは専用使用権が与えられている」

「壁紙や床を張り替えたりするリフォームは専有部分のオーナーができるわけですね」

図20　賃貸マンション投資のキャッシュフローモデル

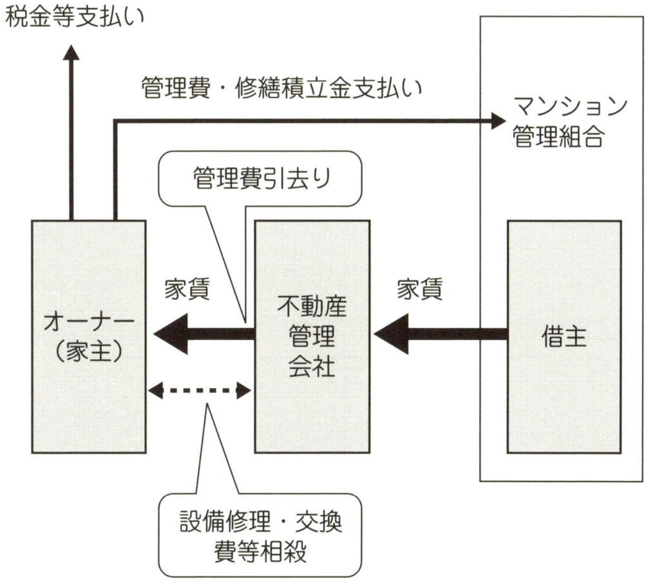

「そのとおり。借主とオーナーの間に不動産管理会社が介在して、借主から家賃を徴収し、不動産管理会社の手数料である管理費を差し引いてオーナーの銀行口座に振り込む」

「オーナーは入ってきた家賃から管理費・修繕積立金を払わなくてはいけませんよね？」

「管理費・修繕積立金というのは、マンションの共用部分の管理や修繕に必要な費用で、オーナーが管理組合に対して払うものだが、実際は管理組合が管理業務を委託しているマンション管理業者の指定口座に払い込むことになる。これでキャッシュ

フロ一の一巡だ」

「他にオーナーの出費はありませんか？」

「不動産を取得したときに一回だけ払う不動産取得税、不動産を保有し続けている間毎年払う固定資産税・都市計画税、借主から苦情が発生して設備の修理や交換にかかる臨時出費、借主が退去したときに必要なリフォーム費、これで一応全部だな」

「臨時出費的な設備の修理・交換費やリフォーム費はどのくらいの額になるんですか？」

「設備の修理・交換費は家賃年額の10％くらい見込んでおけばよいだろう。家賃５万円の年額60万円なら６万円、もちろん、発生しないことも、これ以上かかる場合もある。リフォーム費は汚れの度合いにもよるので一概にいえないが、クリーニング程度で済めば家賃の１月分以内、クロスを張り替えると20㎡前後のワンルームで家賃の１、２か月分というところだろうか」

「敷金・礼金や更新料の取り扱いはどうなります？　敷金は入居者が退去するときに返却しないといけないんですよね？」

「不動産管理会社は借主から徴収した敷金を預かっておいて、借主が退去する際は原状回復費用のうち借主責任分や、滞納家賃があればそれらを差し引いた残金を借主に返還する」

「敷金の返還に関して借主との間でトラブルが起こるそうですね？」

「通称『東京ルール』という東京都の賃貸住宅トラブル防止条

例があって、経年変化や通常の使用による住宅の損耗の原状回復は家主の負担、賃借人の故意・過失あるいは通常の使用方法に反する賃借人の責めに帰すべき住宅の損耗は借主に負担請求できることになっている」

「原状回復費用ですが、どこまでが借主責任か見極めるのが難しそうですね」

「入居契約時に明確に借主に説明しておくことがトラブルの発生防止につながるが、その辺は不動産管理会社が処理してくれるので、プロに任せておけばよい」

「礼金は、文字どおりオーナーの収入でしょう？」

「礼金は家主に対するお礼という性格なので本来は家主の取り分だ。不動産管理会社によって違うが、オーナーに全額渡す場合、２分の１を渡す場合、全額を広告宣伝費として不動産管理会社が取る場合といろいろある。現在の借主が退去する際は、すぐに次の借主を探してもらう必要上、広告宣伝費として不動産管理会社に渡すのは得策だと思う」

「近頃は敷金・礼金ゼロなんていうのも都市部ではよく見かけますが。フリーレント何か月なんてのもありますよね」

「いずれも、なんとか空室を埋めようと、初期費用を安くして借りてもらいやすくする苦肉の策だな。そのかわり、敷金の代わりに保証料を取ったり、退去時にクリーニング代を取ったりする。礼金ゼロやフリーレント何か月というのも、その代わり

に家賃を少し高くして、２年の契約期間内で帳尻が合うように設定しているはずだ」

「更新料はオーナーの収入ですよね？」

「そうだが、これも2分の１あるいは全額を広告宣伝費として不動産管理会社に差し出す場合が多いな。空室ができたときに次の借主を早く見つけてもらうためのインセンティブと考えれば損はない」

「入居者の賃貸契約は普通２年ごとですよね。相手が更新を希望しなかった場合は、すぐ次の入居者を募集しないと家賃収入がストップするわ、ローンは払わないといけないわで、大変なことになりますね？」

「その意味からも実績と力のある不動産管理会社と手を組む必要がある。ネットワークの広い不動産管理会社なら、すぐに募集をかけてできるだけ早く空室を埋める算段をしてくれる。石橋をたたいて渡るならサブリース契約をするという手もある。ただし、サブリース条件は不動産管理会社によってまちまちだから、よく内容確認をする必要があるぞ」

空室対策とサブリース契約

賃貸マンション投資で最大のリスクは空室リスクだ。はじめの1室しかない状態では家賃収入がストップしたらローン返済分が持ち出しになってしまう。それを防ぐには前述したように借り手がつきやすい立地の物件を保有することと、借り手を見つけやすいネットワーク力のある不動産管理会社と管理委託契約を結ぶことが大事だ。

管理料が多少高くても絶対空室リスクは避けたいという人はサブリース契約を結ぶか、最初からサブリース契約付き物件を購入する手がある。サブリース契約も不動産管理会社によって家賃保証条件はまちまちだし、サブリース契約を結んだら未来永劫はじめの契約賃料を支払い続けてくれることが約束されるわけではないから、心して次の各条件を比較検討したほうがよい。

①契約期間

2年ごとに契約更新が一般的。つまり、2年ごとに賃料が下方改訂される可能性がある。

②契約賃料

相場家賃の何割を保証してもらえるのか。相場の80%～90%というところが多い。

③更新

不動産管理会社側から更新を拒否することも可能な契約条項になっているはずだから、そのことを十分頭に入れておく必要がある。

④免責期間

空室ができても家賃を払ってもらえない期間で、30日～90日、中には180日などという会社もあるようだから必ず確認すべき重要ポイントだ。

⑤管理手数料

会社によっても家賃保証条件によっても異なるが、家賃の10%～20%のところが多い。

賃貸不動産投資の利回り

「投資用不動産のチラシには表面利回り何％といううたい文句が目を引くだろ？　実利回りを想定して表面利回り何％以上だったら一考の余地があるだろうか？」

「表面利回りって単純に家賃を12倍して年額にして、それを物件価格で割ったものですよね？」

「そのとおり。諸経費や管理費・修繕積立金及び税金などをとりあえず横に置いておいて、単純に想定家賃年額を物件価格で割り算したものが表面利回りだ（図21a参照）」

「想定家賃というのは、家賃相場ですか？」

「想定家賃は、その時点、その物件周辺の類似条件の物件の家賃相場を使っているはずだが、家賃相場はネットで調べられるのでチェックしてみたほうがいい」

「じゃ、実利回りはどう算出するんですか？」

「実際の家賃年額から管理費・修繕積立金年額及び固定資産税等を差し引いたものを、物件価格に諸費用と不動産取得税を足したもので割り算する（図21b参照）」

「管理費・修繕積立金はチラシに載っているからわかります。諸費用とはどういう費用ですか？」

図21a 表面利回りと回収期間

$$\text{表面利回り} = \frac{\text{想定家賃年額}}{\text{物件価額}} \qquad \text{回収期間} = \frac{\text{物件価額}}{\text{想定家賃年額}}$$

図21b 実利回りと表面利回りの関係

$$\text{実利回り} = \frac{\text{家賃年額}-(\text{管理費・修繕積立金・固定資産税等})}{\text{物件価額}+\text{諸費用}+\text{不動産取得税}}$$

$$\fallingdotseq \frac{\text{家賃年額} \times (1-0.2)}{\text{物件価額} \times (1+0.1)}$$

$$\fallingdotseq \text{表面利回り} \times 0.73$$

「諸費用のうち主なものは、司法書士に払う登記に必要な登録免許税及び司法書士報酬、不動産会社に払う売買あるいは仲介手数料、金融機関に払うローン事務手数料及び保証料、損害保険会社に支払う火災保険・地震保険料などだ」

「物件契約前に諸費用や固定資産税等を正確に把握するのは難しいんじゃないですか？」

「そのとおり。そこで、表面利回りから実利回りを概算できたら投資適否の判断をするときに便利だ。諸経費を物件価格の10％、管理費・修繕積立金年額及び固定資産税等を家賃年額の20％と見込んで計算すれば当たらずといえども遠からずだ。すると実利回りを概算するには、表面的利回りに何掛けすれば

よいかな？」

「（100－20）÷（100+10）だから答えは約7掛けです」

「そのとおり。実利回りは、表面利回りのおおよそ7掛けと見て投資適否を判断する（図21b参照）」

「物件価額の妥当性はどう判断すればよいのですか？」

「物件価額の投資適否を判断する基準として、家賃の100倍というのがある。この場合の表面利回りはいくつだ？」

「分子が家賃の12倍、分母が家賃の100倍だから、表面利回りは12%です」

「当たり！　家賃7万円として700万円の物件価額ということになる。都心だと家賃7万円取れるエリアの物件価額は900万円前後が多いと思うが、**家賃相場の100倍が物件価額の一応の目安**として覚えておくと便利だ」

投資戦略

「投資戦略として、回収期間と残存耐用年数をチェックすることは重要だ。投資資金が何年で回収できるかを意味する回収期間は、さっきキミが計算したとおり、投資額を家賃手取り年額で割り算したものだから、表面利回りや実利回りの逆数で計算される（図21a参照）。実利回り7%だったら回収期間は約14

年とちょっとだ。チラシにある物件の築年数に回収期間を加えると回収完了時点のマンションの経過年数になる。仮に築年数20年で回収期間14年なら34年だ」

「それが法定耐用年数以内ならいいんですね？　法定耐用年数47年から経過年数34年を引くと、まだ13年残っています」

「違う。税法上は、経過年数に８掛けして法定耐用年数47年から引いた数字が建物の減価計算上の残存耐用年数だ。経過年数34年なら残存耐用年数約20年となる」

「残存耐用年数が何年くらい残っていればいいですか？」

「売却時点で物件を買い受ける人が、さらに投資回収可能な残存耐用年数が残っていると比較的高値で売却できる可能性がある。」

「実利回りがローン金利以上でないと投資する意味ないですよね？」

「金利上昇も見込んだイールドギャップが必要だ」

「イールドギャップというのは？」

「実利回りとローン金利の差をイールドギャップという。将来の金利上昇幅を見込んだイールドギャップの確保が必要だ。アパートローンの金利が現在4%前後としたら、金利変動リスクも考えると実利回りでできれば10%以上取れれば御の字、最低でも7%以上の物件を

探したいな」

「なんか実際の例で示してもらえないですか？」

「しょうがない、私の投資実例の一つを明かそうか。３年ほど前だが、都営浅草線西馬込駅から徒歩10分圏内で専有面積約19㎡、築19年のワンルームマンションを入居者はそのまま、オーナーチェンジのかたちで購入した。売り出し価格は880万円で、家賃は６万8000円だった。表面利回りはいくらになる？」

「６万8000円を12倍して880万円で割るから、約9.3％です」

「ローンではなく現金で購入、諸費用と不動産取得税合わせて約33万円、不動産管理会社に払う管理料が家賃の５％の3400円、マンション管理組合に払う管理費と修繕積立金合わせて１万2200円、固定資産税と都市計画税合わせて３万5900円だ。実利回りはいくらになる？」

「家賃６万8000円から賃貸管理料、管理費と修繕積立金と定資産税・都市計画税を引くと家賃手取り５万2400円と出ます。これを12倍して物件価格に諸費用と不動産取得税を足した913万円で割ると6.9％となります」

「もし、金利４％のローンで購入したとしたら、イールドギャップ約３％というわけだ」

「投資回収期間は、実利回りの計算の逆だから14年半となりますね」

「次は、**賃貸不動産投資をいつ始めるかの入口戦略と、いつ手放すかの出口戦略**について話そう」

「先生、賃貸不動産投資はいつ始めたらいいんですか？」

「いまでしょ！」

「先生は予備校の講師じゃないんですから」

「キミたちが仕掛けたんだ。しかし、『何事も思い立ったが吉日』という言葉があるとおり真理だと思う。もちろん実際に不動産投資に手を出すのはファイナンシャル・リテラシーを身につけ、不動産投資セミナーにもいくつか参加してみて、十分勉強を積んでからでないと怪我するが」

「出口戦略については？」

「回収期間を過ぎて残存耐用年数を10年以上残して売却するのがよいだろう。買い受ける人も投資回収ができるように」

「キャッシュフローが入り続ける限り保有し続けたらどうなります？」

「長期修繕計画にもとづいてきちんと保全されているマンションであれば、法定耐用年数の47年以上もつ可能性がある。ちなみに、47年というのは税法上の耐用年数であって1998年に改正された数値だが、その前までは60年だった。まあ、法

定耐用年数を一応の目安にして、建て替えリスクを感ずるようになる前に売却するのが無難だろう」

出口戦略について

不動産のキャピタルゲインは前にもいったように、一般的には年とともに下がっていく（キャピタルロスが増えていく）。したがって回収期間前の売却は、どうしても差し迫った現金化の必要が起きない限りはない。通常の出口戦略としては、①回収期間がきて投資が回収できたら売却する、②回収期間を過ぎて法定耐用年数に達する前に売却する、③法定耐用年数に達したら売却する、④保有し続ける、に大別できる。

①は投資回収が終わったわけだから、その売却額が最終的リターンだ。②は、回収期間以後売却までの家賃収益がリターンとしてプラスアルファとなる。マンションは適切な長期修繕計画に従って管理されてゆけば、法定耐用年数を過ぎて50～60年ももつ可能性はある。そのあたりの見極めは不動産鑑定士の目が必要になるから勧められない。②ないし③の出口戦略がよいと思う。④となると建て替えのリスクが発生する。

第4章　賃貸マンション投資のシミュレーション

「先生、ワンルームマンション一室のオーナーになっただけでは、プチ資産家とはいえないですよね。資産を増やすにはどうすればいいんですか？」

「１室目のローン返済が終わったら、２室目を同じようにローンで購入する。ただし、今度は２室分の家賃収入を１室のローン返済に充てるから、ほぼ倍のスピードで返済できる。ということは、１室目のほぼ半分の期間で返済完了する。２室目のローン返済が終わったら、３室目を同じようにローンで購入する。同様に３室分の家賃収入を１室のローン返済に充てるから、ほぼ３倍のスピード、つまり３分の１の期間で返済できる。３室目のローン返済が終わったら、４室目を・・・」

「ちょっと待ってください！　どこまで続けるんですか？」

「自分のライフプランに合わせて、もう十分だと思ったところで止めればよい。

わかりやすいように単純化して話したが、基本的考え方はこのとおりだ」

「家賃収益は全額を投資ローンの返済に充てるんですね?」

「最初は100%ローン返済に充てざるを得ないが、2室、3室と増えてきたら一部を手元に残して次の投資用マンション購入のための頭金用に積み立てることも可能だ。では、将来プチ資産家を目指した具体的シミュレーションをしてみよう。まずは次の家計プロフィールのケースだ」

家計プロフィール①

夫と妻二人とも20代後半。子どもは欲しいが今のところなし。年収は給与手取り300万円と妻のパート収入。賃貸マンション暮らしで、家賃と管理費・修繕積立金合わせて住宅費は10万円弱。余裕資金ゼロ。

「せっ、先生!　それってほとんど自分のケースじゃないですか」

「別に意識してキミの家計をモデルにしたわけではないぞ。前にいったように、平成25年現在二人以上世帯の3分の1近くは金融資産ゼロだというので、そういう設定にしてみたんだ。しかし、余裕資金ゼロではいかんともしがたい。賃貸マンション投資を考えるなら、まずは何としてでも自己資金300万円を貯めることだ」

「どうやって?」

「毎月給料から５万円自動積立で定期預金に入れれば１年で約60万円だから、５年で300万円は貯まる計算だ」

「はっきりいって毎月５万円は無理です。頑張って３万円くらいなら・・・」

「３万円でも８年とちょっとで約300万円貯まるぞ。とにかく余裕ができたら貯金というのでは絶対に貯まらない。目標額と目標期日を設定したら、それに必要な積立額を自動引き去りにして、苦しくても残った金額で家計をやりくりするぐらいの覚悟が必要だな。それも無理だったら、最後は親から援助してもらう奥の手がある」

「でも高い贈与税を払わないといけないですよね？」

「贈与に対しては、『暦年課税』と『相続時精算課税』という制度がある。通常の『暦年課税』であれば、年間110万円までの贈与であれば贈与税がかからないから、親から年間110万円以下で援助してもらう手がある。それと二者択一だが、『相続時精算課税』を届け出た場合にはなんと2500万円までは贈与税がかからない」

「ふだんから親孝行しておかないといざという時に援助してもらえませんね」

「そうだな。さて自己資金が300万円できたとしてシミュレーションしてみよう」

『暦年課税』と『相続時精算課税』：暦年課税と相続時精算課税について詳しくは、「第６章　節税知識」を参照のこと。

（1）自己資金300万円のケース

第一段階　まずは一室目を購入！

売価800万円の賃貸ワンルームマンション1室を、不動産管理会社からオーナーチェンジで購入。諸費用は約80万円を見込み、自己資金280万円を諸費用及び頭金に充て、不動産管理会社の提携金融機関から600万円の融資を受ける。

家賃は6万5000円で、不動産管理会社の賃貸管理費（5%）3250円が引かれた6万1750円がオーナーの口座に振り込まれる。オーナーの口座から建物管理費・修繕積立金1万1750円が自動引き去りでマンション管理組合に支払われ、家賃手取り5万円がオーナーの口座に残る。

ワンルームマンション価格	8,000,000円	
諸費用（10%）	800,000円	
自己資金充当	2,800,000円	
投資ローン借入額	6,000,000円	（800万＋80万－280万）
家賃収入月額	65,000円	
賃貸管理費（5%）	3,250円	
建物管理費・修繕積立金	11,750円	
家賃収入手取り	50,000円	（6万5000－3250－1万1750）

最初の1室目でキャッシュフローに余裕がないので、家賃収入手取りは100%ローン返済に充てよう。投資ローン金利を4%とした場合、返済月額を5万円とすると12年10か月（約13年）で返済完了する。年返済額にして60万円、年収手取り300万円の20%であるから、ローン審査は問題なくクリアできるはずだ。

ローン金利4%はノンバンクを想定しているが、もし地銀や信金からもっと低金利で融資してもらえる場合は、返済完了年数はもっと短縮される。

第二段階　ローン完済で二室目購入！

13年後にローン返済が完了するから、2室目の投資をしよう。13年の間に2室目投資のための自己資金300万円を貯蓄する必要がある。まったく同じ物件価格、同じ家賃、同じローン金利ということは実際にはあり得ないが、シミュレーションはすべて第一段階と同じとする。

今度は2室分の家賃10万円がキャッシュフローとして得られる。ローン金利は同じく4%として、キャッシュフロー10万円のうちの9万5000円をローン返済に充てることにすれば、6年で返済完了する。

第三段階　さらに三室目を購入！

最初から数えて19年後（13+6）に2室目もローン返済が完了したら、3室目に投資しよう。6年間の間に3室目投資のための自己資金300万円を貯蓄する必要がある点は同じ。今度は3室分のキャッシュフロー15万円が得られるから、そのうちの13万8000円をローン返済に充てることにすれば、4年で返済完了する。

第四段階　三室目もローン完済！

最初から数えて23年後（13+6+4）に3室目もローン返済が完了すると、15万円のキャッシュフローが毎月給与収入のほかに得られることになる。

「以下同じ繰り返しで、資産は増殖する一方、ローン返済に要する期間は短縮してゆく。どの段階からプチ資産家と呼べるかは、人それぞれ尺度が違ってしかるべきだと思う。プチ資産家の中でもピンキリがある。ここでは幅広く第四段階あたりからプチ資産家と呼ぶことにしたい」

「第2段階以降、物件価格、ローン金額、家賃などを第一段階とまったく同じと想定しているところに違和感がありますが」

「あくまで理解をしやすくするための仮の設定だ。ひとつとして同じ不動産はないから実際はもちろん違ってくる」

続いて自己資金1200万円のケースをシミュレーションしてみよう。実をいうと、現物不動産投資をする場合はこのくらいの自己資金から始めれば無理がない」

家計プロフィール②

夫と妻二人とも30代。子ども1人。妻のパート収入は別にして年収は手取り500万円。賃貸マンション暮らしで、家賃と管理費・修繕積立金合わせて住宅費は約12万円。余裕資金約1200万円。

（2）自己資金1200万円のケース

第一段階をとばして第二段階から　二室を一挙購入！

飛び級で第二段階から始める。ワンルームマンション2室を、1室は現金で、もう1室はローンで購入する。シミュレーション比較のため、物件価格、諸費用、投資ローン借入額、家賃や管理費などはすべて同一条件とする。

1室目

ワンルームマンション価格	8,000,000円	
諸費用（10%）	800,000円	
自己資金充当	8,800,000円	
家賃収入月額	65,000円	
賃貸管理費（5%）	3,250円	
建物管理費・修繕積立金	11,750円	
家賃収入手取り	50,000円	（6万5000 － 3250 － 1万1750）

2室目

ワンルームマンション価格	8,000,000円	
諸費用（10%）	800,000円	
自己資金充当	2,800,000円	
投資ローン借入額	6,000,000円	（800万＋80万－280万）
家賃収入月額	65,000円	
賃貸管理費（5%）	3,250円	
建物管理費・修繕積立金	11,750円	
家賃収入手取り	50,000円	（6万5000-3250-1万1750）

ローン金利は4%として、2室分の家賃手取り10万円のうちの9万5000円をローン返済に充てることにすれば、6年で返済完了する。

第三段階　三室目購入

6年後に2室目のローン返済が完了したら、3室目に投資しよう。6年間の間に3室目投資のための自己資金300万円を貯蓄する必要がある点は同じ。今度は3室分のキャッシュフロー15万円が得られるから、そのうちの13万8000円をローン返済に充てることにすれば、4年で返済完了する。

第四段階　三室目もローン完済！

最初から数えて10年後（6+4）に3室目もローン返済が完了すると、15万円のキャッシュフローが毎月給与収入のほかに得られることになる。

「参考までに自己資金2000万円の場合もシミュレーションしておこう」

「そのくらいの資金がある人は持ち家を考えているでしょうね」

「たしかに。自己資金が2000万円くらいあると通常持ち家を考える人が多いと思う。しかし前にもいったように、**持ち家のためにローンをすると、投資ローンをする余裕はなくなって、プチ資産家への道は閉ざされる**。それだったら、まずは投資ローンを組んでプチ資産家を目指したほうがよいのではないか。賃貸ならば転勤や子どもの成長に対応して借り替える自由度がある。持ち家はプチ資産家になってから考えることにしてもいいのではないだろうか」

家計プロフィール③

夫と妻二人とも30代後半、共働き。子ども１人。妻の収入は別にして年収は手取り600万円。賃貸マンション暮らしで、家賃と管理費・修繕積立金合わせて住宅費は約13万円。余裕資金約2000万円。

（3）自己資金2000万円のケース

最初から第三段階　三室を一挙購入！

飛び級で第三段階から始める。ワンルームマンション3室を、2室は現金で、もう1室はローンで購入する。シミュレーション比較のため、物件価格、諸費用、投資ローン借入額、家賃や管理費などはすべて同一条件とする。

１室目、２室目とも

ワンルームマンション価格	8,000,000円	
諸費用（10%）	800,000円	
自己資金充当	8,800,000円	
家賃収入月額	65,000円	
賃貸管理費（5%）	3,250円	
建物管理費・修繕積立金	11,750円	
家賃収入手取り	50,000円	（6万5000－3250－1万1750）

3室目

ワンルームマンション価格	8,000,000円	
諸費用（10%）	800,000円	
自己資金充当	2,800,000円	
投資ローン借入額	6,000,000円	（800万＋80万－280万）
家賃収入月額	65,000円	
賃貸管理費（5%）	3,250円	
建物管理費・修繕積立金	11,750円	
家賃収入手取り	50,000円	（6万5000－3250－1万1750）

ローン金利は4%として、3室分の家賃手取り15万円のうちの13万8000円をローン返済に充てることにすれば、4年で返済完了する。

第四段階　三室目のローン完済！

4年後に3室目のローン返済が完了すると、15万円のキャッシュフローが毎月給与収入のほかに得られることになる。

「この３つのケースのシミュレーション結果からわかることは、第四段階の年額180万円のキャッシュフローを得るのに、スタート自己資金約300万円のケースだと23年かかるのに比べて、スタート自己資金が約1200万円あると10年、スタート自己資金が約2000万円あると４年と短縮されることだ」

「自己資金が300万円程度でも23年かければプチ資産家になれる道はあるということですね。だったら若いうちに始めたほうがいいですね」

「そのとおり！」

「先生、待ってくださいよ。投資の基本だといわれた分散投資は、賃貸マンション投資の場合どうしたらいいんですか？」

「２つ目、３つ目と物件の所在地域を分散したらいいのだ。大地震で全部コケてしまわないように」

「なるほど」

「なるほど」

第5章　いよいよ賃貸不動産投資

前項のシミュレーションで所要年数の長短の差はあれ、誰でもプチ資産家になれることがわかったと思う。ここからはシミュレーションを現実のものとするための、実践上の注意点を詳しく述べる。

不動産会社選び

「賃貸不動産投資は、一に不動産会社選び、二に物件選び、三に管理会社選びだ」

「先生、白状します。不動産は敷居が高いです。海千山千の不動産屋のオヤジさんと渡り合う自信はないです」

「地場の不動産屋のオヤジさんと渡り合えとはいっていないぞ。私が勧めるのは不動産管理会社で、不動産の売買あるいは仲介も行い、かつ信用の置ける業者を見つけることだ」

「どうやったら信用の置ける業者を見つけることができるんですか?」

「不動産管理会社でマンション投資のセミナーをやっているところは、新聞広告やネットで見つけることができる。何社かの

セミナーに参加して比較してみることによって、会社の良し悪しを判断できるようになってくる。ポイントはプッシュ型セールスをしてくる会社は避けることだ。買い手の立場に立って相談に乗るスタンスでプル型セールスに徹する会社を選ぶのがよい。自分の感性をフル動員することだな」

「感性をフル動員するといわれたって・・・」

「その会社の方針を体現するのは社長だから、できたらセミナーなどに参加した際に社長から直接話を聞いてみるのが一番いい。無理ならば営業マンでもよいが、要はその会社の営業スタンスを見極めるということだ。不動産をとにかく売りつけたいという営業スタイルなのか、顧客側のニーズをよく聴いてニーズに合った物件を紹介してくれるとともに、販売後もその賃貸管理を責任持って請け負うという会社のスタンスなのかを自分の感性で見分けるということだ。候補がいくつか絞られたら、ホームページでその会社の不動産業者としての実績や発展性、所属業界団体などを調べて永続性をチェックする。ホームページもない、あるいはあってもロクに実績データを載せていない会社はアウトだ」

不動産会社選びのポイント

繰り返すが、賃貸不動産投資が成功するか否かの決め手は、一に不動産会社選び、二に物件選び、三に管理会社選びだ。三の管理会社は、一の不動産会社と同一またはグループ会社であることが望ましい。不動産会社にもいろいろあって、仲介・販売だけしているところ、管理だけ請け負っているところ、仲介・販売もすれば、管理も請け負っているところなど、さまざまだ。その中から長年管理で実績があり、仲介・販売も扱っている会社を見つけるとよい。

ホームページの会社案内で会社の規模と実績のチェックを必ず行う。設立して数年の、規模の小さい会社は一応敬遠しておこう。宅建業の免許は5年ごと更新だから、たとえば免許番号が「東京都知事（3）第*****号」となっていれば3回目の更新で、少なくとも10年以上の経験があることになる。なお、知事免許でなく、国土交通大臣免許の場合もあるが、複数の都道府県にまたがって営業拠点を持つ場合は大臣免許が必要というだけで、優劣はない。会社の発展状況を示すグラフもチェックしておこう。加入団体のチェックも欠かせない。もし、業者とトラブルが起きた場合の駆け込み寺となる。ついでに、加入団体のホームページも参照しておこう。

「不動産管理会社で仲介・販売も扱っている会社がいいという理由はなんですか？」

「不動産会社から物件を購入あるいは、仲介してもらって購入した後、管理会社と契約して賃貸管理を委託する。これで大家業のほとんどすべてを不動産管理会社が代行してくれるので、本業に一切支障を及ぼすことなく大家業を営むしくみができあがる。不動産管理会社は借主とオーナーをつなぐキャッシュフローの重要なパイプラインだ。管理に実績があって仲介・販売

も手がける会社は、後々の管理のことも考えて仕入れる物件もできるだけ空室リスクの少ないものを選ぶ。そういう会社から購入して後の管理も見てもらったほうが安心だ」

「管理会社はどこまでやってくれるんですか？」

「入居者との賃貸契約、家賃徴収とオーナーへの送金、設備などの不具合や故障の苦情受付と修理・交換の手配、入居者が退去するときの精算事務及びクリーニングまたはリフォームの手配、新入居者募集事務など、大家業の一切だ」

管理会社はどこまでやってくれるか？

たとえば、お湯が出なくなった、エアコンが故障した、排水口から異臭が上がってくる等々の入居者からの苦情は直接不動産管理会社が受けて対処してくれる。不動産管理会社からオーナーへは、苦情の報告と、実際に現場確認した状況、設備の修理・交換が必要な場合の見積もりなどが電話なりメールでオーナーに報告される。オーナーが設備の修理・交換を了承すれば、すぐに不動産管理会社はその手配をしてくれる。

設備の修理・交換後の清算は不動産管理会社に家賃相殺を依頼すれば、次の月の家賃から修理・交換費用が引き去られてオーナーの口座に入金される。修理・交換費用がかさむときは分割引き去りにしてもらえばよい。というわけで、大家業は不動産管理会社におまかせできるのでサラリーマンとしての本業に支障を及ぼす心配はない。その代償としての管理料コストが家賃の5%前後ならば高くはない。

物件選び

「じゃあ、信頼できそうな業者が見つかったとしましょう。その次は？」

「その不動産管理会社に自分の希望に合う物件を二、三紹介してもらうのだ。最寄駅から徒歩10分以内という立地条件と希望価格帯をはっきり伝えることが大事だぞ」

「徒歩10分以内というのはどういう意味合いですか？」

「ワンルームマンションの入居者ターゲットは独身サラリーマンあるいはOLだ。仕事が終わって疲れた足取りで帰るときの心理的許容範囲は徒歩10分前後だというのは、自分自身の場合に置き換えてみればわかるだろう？」

「でも最寄駅まで自転車を使えばいいから、もっと遠くてもいいんじゃないんですか？」

「賃貸住宅の空室率は東京都と近県押しなべて20％前後ある。日本の総人口は少子高齢化で2010年の1億2800万人をピークに減少に転じた。したがって空室率はこれから増加傾向にある。賃貸物件同士の競争が厳しくなるぞ。借り手の立場で考えたら、最寄駅に近い物件から入居が決まってゆくのは自然の理ではないか」

物件選びは一にも立地、二にも立地！

賃貸不動産投資で一番怖いのは空室リスクだ。入居者ターゲットの単身サラリーマン・OLには転勤・転職が起こり得る。家賃相場も誰でもネットで簡単に調べられるから、契約更新の機会にもっと家賃の安いマンションに移ろうという人も出てくる。理由はともかく、入居者が出た後はすぐにクリーニングなり、リフォームして次の入居者を決めないと、虎の子のキャッシュフローが止まってしまう！

空室リスク対策としては、ネットワークが広く、力のある不動産管理会社を選ぶことも大事だが、なんといっても一にも二にも物件の立地が最大のポイントだ。

試しにネットでリクルート住まいカンパニーの「SUUMO」サイトから部屋選びの決め手ランキングを調べてみると、社会人男性・女性とも決め手の1位は「家賃」、2位「路線・エリア」、3位は男女異なるから別にして、4位「最寄駅からの時間」となっている。

1位の家賃は当然として、2位と4位に立地がランクしていることに注目だ。参考までに3位は社会人男性が「初期費用」、社会人女性が「設備・仕様」となっている。

人気路線・エリアを参考までに不動産情報サービスの「アットホーム」サイトで調べてみると、2012年は1位「東急東横線」、2位「小田急小田原線」、3位「東急田園都市線」となっている。

つまり、**空室リスク対策としては、なるべく通勤に便利な路線・エリアで、かつ最寄駅からの時間が10分以内の物件を選ぶことが望ましい**。人気路線・エリアは家賃も高くなるし、物件価格も高くなる。最寄駅から遠くなるほど、一般的に家賃も物件価格も安くなる。フトコロとの相談になるが、人気路線・エリアから多少外れて、最寄駅からの時間もギリギリ10分前後というあたりが現実的な選択になるかもしれない。

「物件チラシで目のつけどころを教えてください」

「紹介してくれた物件のチラシで基本事項を次の要領でチェックしよう」

チラシのチェックポイント

まずは立地。最寄駅から徒歩何分と表示されている。徒歩1分は道路距離80メートル換算だ。10分なら、800メートル。

立地の範疇に入ることで、生活利便性がある。近くにスーパーがあるか、郵便局、銀行は…など、グーグル・マップである程度調べることができる。

次に部屋のタイプ。1Rは本当のワンルームで、キッチンセットなどもワンルーム内に設置されている。1Kは一応キッチンが部屋とは区画されている。

価格は希望範囲内として、建物構造が何階建てで、売りマンションがその何階なのか。1階は男女とも防犯上避ける傾向があるので、できたら1階はやめたほうがよい。総戸数もチェックする。総戸数が多いほどエレベーター設備の更新など、臨時の建物・設備修繕費の拠出が必要になった場合に1戸当たりの負担が軽減される。

築年月のチェックは重要だ。前に述べたように築年16年～20年くらいのマンションが価格の踊り場にあって買いごろだ（p.97図18参照）。マンションの法定耐用年数が47年なので、築20年としても耐用年数が31年あり（47－20×0.8）、十分に投資回収可能であろう。

土地権利も「所有権」となっていることを確認しよう。「借地権」という可能性もなくはない。マンションは土地といっても持分が決まっているだけで一体どの部分が自分の土地かは特定できないが、建物だけより土地の所有権もあったほうが資産価値は高い。

次に、家賃と管理費・修繕積立金。家賃から不動産管理会社の管理費（5％前後）を引き、さらにマンション管理組合に支払う管理費・修繕積立金を引いた残額が家賃手取りとなる。

最後に間取り図と設備をチェックしよう。窓及びバルコニーの方角は南寄りに越したことはない。もっとも社会人の単身者は寝に帰るだけがほとんどで、ファミリーほど方角はシビアに気にしないかもしれない。バス・トイレ別のほうが好まれるが、築年16年～20年くらいのマンションはバス・トイレ・洗面三点一式となったユニットバス式が多い。室内に洗濯機置き場があるかどうか。インターネット接続環境は必須アイテムだが、これは現地で確認しないとわからないかもしれない。エアコンは当然ついているはずだ。マンション入口はセキュリティ上、オートロックが望ましい。

「なるほど。チラシである程度物件を絞り込んだら次は？」

「その不動産管理会社に案内してもらって、物件を自分の目で確かめに行く」

「どんなポイントを確かめたらいいんですか？」

「ちょっと想像上でシミュレーションしてみようか。まず最寄駅で不動産管理会社の営業担当者と待ち合わせ時間を決めたとして、その30分くらい前にはその駅で降りるんだ。デジカメ持参だぞ」

「携帯付属のデジカメでもいいですよね？」

「そうだな。営業担当者が来る前に駅前通りを散歩してみて、

にぎわいだとか、コンビニやスーパー、銀行のあるなしなど、自分が住む賃貸マンションを探すときの感覚で、生活利便性をチェックするんだ」

「そうこうしているうちに、営業担当者が到着しました」

「営業担当者と一緒に最寄駅から物件まで歩く間、その道沿いや周辺の生活利便性をチェックする。営業担当者とダベりながら気がついたら物件に着いてしまったというのはダメだぞ」

「コインランドリーやクリーニング店があるかとか」

「そうだ。生活に便利な立地ほど空室リスクを下げることができる」

「なるほど」

「物件に着いたら周辺環境及び建物の全体的印象をチェックする。ファーストインプレッションは大事だ。全体としてなにか好かない感じがしたら、やめたほうがよい。たとえば植え込みの手入れがされていないとか、築年以上に老けて見えるとか…。合コンと同じだ」

「合コンと同じですか？　自分は好きでも相手に嫌われる経験を何度もしましたけど」

「次は建物の周りをぐるっと見回って、管理状況のチェックだ。外壁のタイルのはがれやヒビ割れが放置されている物件は建物

管理に問題があり、長持ちしないからパスだ。今度はゴミ集積場をチェックする」

「なんでゴミ集積場を？」

「ゴミ集積場を見れば、そのマンションの管理人の管理レベルと入居者のマナーレベルのチェックができる。粗大ゴミが山積みになってあふれているのが放ったらかし状態だったらNG、きちんと整理整頓されているようならOK」

「管理人の管理レベルと入居者のマナーレベルがどう影響するんですか？」

「空室になって、次の借主候補を内見に案内するときを想定してみろ。『類は友を呼ぶ』ということわざのとおり、管理状態の悪いマンションにはマナーの悪い入居者が集まる。マナーのよい入居者は管理レベルのよいマンションを好む。マナーの悪い入居者だと退去した後のクリーニング代やリフォーム代がかさむおそれがある」

「なるほど、読みが深い！」

「次はいよいよ正面玄関から中に入るぞ。オートロックがセキュリティの観点から好まれる。営業担当者がオートロックを解除して中に入ると管理人室があるだろう。管理人室付近の掲示板をチェックしよう。ここでも管理レベルが見てとれるぞ」

「管理人が常時いるところと、いないところがありますよね」

「規模の大きいマンションは管理人が常駐しているが、中小規模のマンションは通いとか、巡回が多いな。もし管理人がいたら、挨拶して苦労話を聞いてみよう。チラシからは絶対読み取れない情報が得られることがある」

「部屋の内部はどうやってチェックするんですか？」

「普通はオーナーチェンジで、人が住んでいるからできない。そのマンションに同じ不動産管理会社が管理する空室がある場合は見せてもらえるが、あくまで参考程度だ」

「内部も見ずに投資するんですか？」

「大事なのは躯体である建物と共用部分の管理状況だ。たとえば入居者の質が悪くて内部が汚れていたとしてもリフォームできれいになるし、原状回復費用のうち入居者責任部分は退去のときに敷金から引くことができる」

「部屋の内部は見られなくても、一応目的の部屋までは行ってみるんですよね」

「エレベーターつきのマンションなら行きはエレベーターを使い、帰りは階段で下りるといい。通路や階段、あるいは部屋の前に障害物を放置していたりしないかチェックしながらな」

「共用部分の管理状況のチェックですね」

「そうそう、4階くらいのマンションだったらエレベーターなしのマンションのほうがいいぞ」

「エレベーターありのほうが便利じゃないですか」

「エレベーターはメンテナンスや故障修理に結構金がかかる。エレベーターなしのマンションのほうが管理費・修繕積立金が安い」

物件のチェックポイント

まずチェックすべきなのが前述したとおり、生活利便性だ。駅前や駅通り商店街、駅から物件までの道沿いとその近辺に、コンビニ、スーパー、銀行、郵便局、その他生活利便性にかかわる店や施設があるかどうかチェックしよう。

また、駅から物件までの通路環境もチェックしておく。このときは警官になったつもりで、防犯の観点からリスクチェックをする。人通りの多い通りだけならよいが、街灯も少ない真っ暗な道をずっと行かなければいけないような環境だったら、女性の入居者は望めない。お墓のそばを通るのは男でも夜はゾクッとすると思う。その分、空室リスクが高くなると考えないといけない。

物件に着いたら、地理的セッティング上のリスクをチェックしよう。平地ならよいが、急な坂を登った丘の上というのは冬季の道路凍結による転倒リスク大。切り立った崖の下は豪雨の時に土砂崩れのリスクがある。建物の敷地が道路より低く、1階が半地下みたいなセッティングは豪雨のときに道路から水が流れ込んできて床下浸水のリスクありだ。

建物の資産価値や管理状況を自分の目でチェック！

物件に着いたら、周辺の居住環境をチェックする。

閑静な住宅街ならよいが、高速道路や幹線道路、あるいは線路や工場に隣接していたら騒音が心配だ。小学校が近いのも騒音の点でどうかな。あと、物騒な地域でないかどうか、要は自分が住むつもりで住むのに適した立地かどうかをチェックする。

今度は目的の建物の周囲を資産価値の観点から目視チェックしよう。別に不動産鑑定士でなくても簡単なチェックはできる。

まず、外壁のタイルが欠けはがれ落ちている箇所がないか。外壁や土台に目立ったヒビは入っていないかなど、建物の管理状況を資産価値保全の観点からチェックする。気になる点はカメラで撮っておく。

鉄筋コンクリートマンションの法定耐用年数は47年だが、長期修繕計画にもとづいて建物管理を行えば60年近くもつ場合もある一方、適切な管理を行わないで放っておけば法定耐用年数ももたないこともあり得る。

次は、ゴミ集積場や、あれば駐輪場などの日常の管理状況をチェックする。粗大ゴミが乱雑に放置されていたら管理人不在（実際はいたとしても)。いよいよ玄関ホールから中に入る。オートロックのほうがセキュリティの点から好ましい。

管理人室の掲示にも注意してみよう。日常管理の一端が読み取れる場合が多い。

廊下や階段など共用部分に障害物が放置されたりしていないだろうか。管理人及び居住者の質が読み取れる。その質が低ければ、新規入居希望者を内見に案内するときに不利だ。

資金計画を立てる

「条件に合う物件が見つかったとして、次はどうします？」

「契約をする前にざっと資金計画を立てておく必要がある。物件価格に加えて、その約１割を諸費用として見込んだ購入資金が必要だ。仮に物件価格800万円とすれば、諸費用として80万円、合わせて880万円の購入資金が必要だ。現金で用意できるならそれに越したことはないが、もし投資ローンを利用するとしても、**頭金として物件価格の２割～３割は自己資金で用意するとよい**」

「物件価格800万円なら諸費用と合わせて240万円～320万円の自己資金が必要ということですね」

「不動産販売会社は特定の金融機関と提携していて、不動産会社を通じてローン契約すれば提携関係のない金融機関と契約するより審査条件などで有利な場合が多い。必要な頭金も物件価格の5%でよいとか、もっと極端な場合はフルローンも可能というケースもなくはない。しかし、たとえそういうケースであっても、物件価格の２割～３割は自己資金で用意するというほうがファイナンシャル・リテラシーの観点から健全だ。投資ローンは多くが変動金利だ。金利上昇リスクに対処するにはできるだけ借入金比率を低く抑えたほうがよい」

資金計画は「いくら借りられるか」より「いくら返せるか」

物件が決まったらすぐに資金計画を立てなければならない。

いくら借りられるかに関して、住宅ローンの場合を参考にすると、『総返済負担率』というのがあって、ローン返済年額を年収で割り算して、たとえば民間金融機関と政府機関の住宅金融支援機構が提携して提供している「フラット35」の基準では、年収400万円以上700万円未満は35％以下となっている。

この場合のローン返済年額というのは、他に車ローンとかクレジットカードのローンなどがあればそれらすべてを合計した額で見なければならない。

つまり、年収400万円の人であれば返済年額140万円以下（月額約11万7000円）となる。

しかし、家計負担を考えると通常25％以下に抑えることが望ましい。年収400万円の人であれば返済年額100万円以下（月額約8万3000円）だ。

住宅ローンの「フラット35」は長期固定金利型だが、投資ローンは変動金利型が多い。デフレのおかげで長いこと超低金利が続いていたが、アベノミクスの影響でこれからは金利が上昇することも想定しておかなければいけない。「いくら借りられるか」より「いくら返せるか」で無理のない資金計画を立てなければならない。

さて前項の自己資金約300万円のケースのシミュレーションを振り返ってみよう。この時点で自己資金300万円が準備できていることが前提だ。ワンルームマンション価格800万円、諸費用（10％）80万円の購入に自己資金から280万円を充当、差額600万円を投資ローンで調達する。家賃収入6万5000円、家賃手取り5万円、年額にして60万円を100％返済に充てるとすると、年収手取り300万円の20％だから総返済負担率は問題ないだろう。金利4％の場合、毎月約5万円返済すると約13年で返済完了の計算だ。金利が仮に7％とすると返済完了まで約17年だから、途中で金利が7％に上がったとしても、この間の返済期間になるだろう。

投資ローンに対応してくれる金融機関

個人が金融機関と直接交渉する場合、住宅ローンはほとんどの金融機関が対応してくれるが、投資ローンとなると急にハードルが高くなる。メガバンクはまず無理だ。地方銀行や信用金庫によってはその管轄地域内であれば、相談しだいで対応してくれるところもある。融資条件は借りる人の属性に大いに左右される。属性というのは、社会的に信用のある企業に勤めているかどうか、年収、勤続年数といったもので、銀行から見て取りっぱぐれがないかどうかの判断材料になる。住宅ローンより高い金利にはなるがノンバンクよりも安い金利で融資してもらえるから、ダメモトでまずはあたってみることだ。

ノンバンクはハードルがそれほど高くはないが、金利が3～5%と、1%台の銀行の住宅ローンよりも割高だ。ノンバンクも不動産投資ローン専門の名のある金融機関を選ぶことが必要で、金額が大きいだけに怪しげなノンバンクに絶対に関わってはならない。その点、個人で金融機関にあたるよりも、不動産会社を通じてその提携金融機関でローンを組むほうがまちがいないし、審査や融資条件も有利な場合がある。

契約と決済をする

「わかりました。資金計画が立ったら、次はどうします？」

「不動産販売会社と売買契約、及び不動産管理会社と賃貸管理契約を結ぶ。販売会社と管理会社が同一あるいはグループ会社だと手間が省ける。アパートローンを使う場合はその契約もある。この段階で手付金を払うケースが多いな」

「手付金はいくら払うんですか？」

「不動産販売会社と相談すればよい。宅建業法（宅地建物取引業法）上の上限は物件価格の20％だが、通常は10％くらいが妥当だ。当然、手付金は頭金の一部として収受される。もし、手付金を払った後、物件引渡し前にこちらの都合で契約を破棄したい場合は、手付金を放棄しなければならない。逆に売り手側の都合で契約を破棄したい場合は、手付金の倍返しというのが宅建業法の決まりだ」

「手付金のほかに用意する必要があるものは？」

「買い手の実在を証明する住民票と身分証明書（運転免許証やパスポートなど）、実印と印鑑証明書、契約書に貼る印紙代などだが、不動産会社の指示に従えばよい」

「実際の契約手続きとしては、契約書の確認をしてポンと印を押せば終わりですか？」

「契約書の確認の前に、重要事項説明書の読み合わせと確認があってこれが結構時間を取る。宅建業法で定められている重要なステップだから省略することはできない。重要事項の説明と契約合わせて2時間くらいかかると思っていたらよい」

「えー？　2時間も」

「何百万もする買い物だから面倒と思わないで十分に説明を受

け、疑問があったら質問して解消しておくことが大事だ」

売買契約を結ぶ

物件が決まり、資金計画が立ったら不動産会社と売買契約の段取りとなる。

事前に不動産会社から指定されるが、住民票、印鑑証明書、実印、契約書に貼る印紙代（500万円超え1000万円以下の売買金額ならば1万円）、手付金（通常売買金額の10％目安）、身分証明書などを用意して、売買契約は不動産会社と合意した日に不動産会社に出向いて行う。

契約の前に重要事項の読み合わせと説明がたっぷりあるので、所要時間として2時間は見ておいたほうがよい。

重要事項の説明は宅地建物取引業法で決められている重要なステップで省略することはできない。宅地建物取引主任者が重要事項説明書の読み合わせと説明を行う決まりだ。

注意すべき点としては、物件の諸元がチラシに記載されていた内容と相違ないか確認しよう。

ただし、専有面積はチラシの記載面積よりも登記面積のほうが少し狭い。チラシの面積は壁心（へきしん）といって壁厚の中心線で測った数値だが、登記簿には内法（うちのり）といって壁の表面で測った数値を記載するきまりになっているためだ。

わからないことがあったらすぐその場で質問して、疑問点を残さないようにしよう。

「契約が済んだ後は？」

「合意で決まった期日に、決済を行う。金融機関に不動産販売・管理会社の契約担当者、不動産登記を担当する司法書士、

買い手が一堂に会して行う場合が多いな。不動産販売会社の契約担当者がすべて段取りしてくれる。このときに頭金から手付金を引いた残金や諸費用を払う。このあと登記が完了しだい、司法書士から登記事項証明書が送られてくる」

決済をする

融資が下りることが決まったら、不動産会社と打ち合わせて決済日を決める。決済は通常、平日の午前中に銀行に売主、買主、不動産会社、司法書士など関係者が一堂に会して行う。

銀行から資金を自分の口座に受領→売主に支払い（振込み）→売主が既に払っている税金、管理費、修繕積立金の日割り清算、不動産会社への売買または仲介手数料支払い→司法書士へ登記費用及び手数料支払い、というのがおおむねの流れだ。

売主への代金支払いは、当然手付金を差し引いた額となる。不動産会社への手数料は、売買価格400万円以上の場合は売買価格×3%+6万円が上限と宅建業法で決まっている。

「決済が終わったら？」

「キミは晴れてワンルームマンションのオーナーだ。あとは左ウチワで預金通帳をチェックしていればよい。毎日相場をチェックする必要もない」

「あとは左ウチワといいますけど、入居人から緊急連絡が入ったときの対応はどうするんですか？　たとえば、エアコンの調子がおかしいとか、給湯器が壊れたとかした場合、オーナーが

対応しないといけないんですか？」

「前にもいったように、そういう対応はすべて不動産管理会社がするから心配ない。修理・交換費用はオーナー負担となるが、不動産管理会社との間で家賃と相殺決済してもらえばよい。確定申告のときには、修理・交換費用は必要経費として、不動産収入から控除できるぞ」

税金と確定申告

「税金に関しては？」

「マンションを買ってしばらく後にそのマンションの所在する都道府県から不動産取得税の請求がくる。もちろん最初の１回だけだ。あとは所在する市区町村から毎年固定資産税と都市計画税の請求がくる」

「どのくらい払うんですか？」

「不動産取得税は家屋とその敷地の土地とに分けて、どちらも税率3％だ。ただし、家屋のほうは取得価格のうちの家屋分にそのまま税率を掛けるのに対して、土地のほうは取得価格のうちの土地分の２分の１に税率を掛けた金額となる」

「固定資産税と都市計画税のほうは？」

「市区町村の固定資産課税台帳に登録された固定資産税評価額にそれぞれの税率を掛けた金額になる。固定資産税は標準税率1.4%、都市計画税は制限税率0.3%となっていて、要は市区町村ごとに税率が決められるんだ」※軽減税率適用の場合あり。

賃貸不動産投資関係の口座は別につくる

賃貸不動産投資関係の口座は自分の生活資金口座とは別に新しくつくるべきだ。入居者が毎月不動産管理会社に振り込んだ家賃から通常5%前後の管理費を引き去り、残金をオーナーの口座に振り込んでくれる。さらに、オーナーの口座からマンション管理組合が指定する口座へ管理費と修繕積立金を送金する。残金がオーナーの毎月の手取りだ。

不動産を取得した後に発生する不動産取得税や固定資産税・都市計画税、それからローン返済などもこの口座から自動引き去りないし出金を行い一元管理すれば、投資収益の把握が容易だ。

「不動産所得の確定申告はどうしたらいいんですか？」

「不動産所得の申告用には特に記帳は要らない。賃貸不動産投資関係専用口座の銀行通帳ひとつで収支を管理していれば、それがそのまま帳簿代わりになる」

不動産所得申告のしかた

不動産所得も確定申告書に記入するのは不動産に係る「収入金額」と「所得金額」だけだが、その裏打ちとして、所得税青色申告決算書（不動産所得用）の添付が必要だ。内容は、1ページが「損益計算書」、2ページが「不動産所得の収入の内訳」、3ページが「減価償却費の計算」、などとなっている。書き方は、国税庁のホームページからダウンロードできる「青色決算書（不動産所得用）の書き方」を参照すればよい。

1ページ「損益計算書」は、事業所得の場合の収支計算書と似たようなものだ（**図22a**）。収入金額欄と必要経費欄とにそれぞれ科目別に年間合計金額を記入し、収入合計マイナス必要経費合計から専従者給与（自分一人の場合はなし）や青色申告特別控除（現金式簡易帳簿の場合、10万円）を引いた金額が不動産所得となる。

図22a 所得税青色申告決算書（不動産所得用）-1-

FA0222

平成□年分所得税青色申告決算書（不動産所得用）

住所		フリガナ 氏名	㊞	依頼税理士等 事務所所在地	
				氏名（名称）	
職業		電話番号		電話番号	

平成　年　月　日

損益計算書（自□月□日至□月□日）

提出用

科目			金額（円）	科目			金額（円）
収入金額	賃貸料	①		必要経費		⑬	
	礼金・権利金 更新料	②				⑭	
		③				⑮	
	計	④				⑯	
必要経費	租税公課	⑤			その他の経費	⑰	
	損害保険料	⑥			計	⑱	
	修繕費	⑦		差引金額（④－⑱）		⑲	
	減価償却費	⑧		専従者給与		⑳	
	借入金利子	⑨		青色申告特別控除前の所得金額（⑲－⑳）		㉑	
	地代家賃	⑩		青色申告特別控除額（65万円又は10万円と㉑のいずれか少ない方の金額）		㉒	
	給料賃金	⑪		所得金額（㉑－㉒）		㉓	
		⑫		土地等を取得するために要した負債の利子の額			

●下の欄には、書かないでください。

青色申告特別控除については、「決算の手引き」の「青色申告特別控除」の項を読んでください。

㉓欄が赤字の人で必要経費に算入した金額のうちに土地等を取得するために要した負債の利子の額がある人は、その負債の利子の額を書いてください。

－1－

出典：国税庁ホームページ
http://www.nta.go.jp/tetsuzuki/shinkoku/shotoku/yoshiki01/shinkokusho/15.pdf

2ページ「不動産所得の収入の内訳」には、保有不動産別に所在地、賃借人名、年間家賃のほか、礼金とか更新料とかオーナー収入の明細を記入する（図22b）。

3ページ「減価償却費の計算」は、保有不動産別に取得年月、取得価額、耐用年数と償却率、本年分の償却費などを記入する（図22c）。減価償却対象は建物だけだから、取得価額は土地価額を除いて建物価額だけを記入する。中古建物の耐用年数の算出は次式による。

耐用年数 ＝ 法定耐用年数 － （経過年数 × 0.8）

建物の減価償却は定額法を用いるので、償却率は耐用年数の逆数となる。たとえば耐用年数が30年で建物価格が300万円だとしたら、300万円割る30年で、10万円ずつ毎年償却する計算になる。

必要経費は、固定資産税、損害保険料、修繕費、減価償却費、管理費、修繕積立金、その他経費を計上できる。これらの費目を確定申告のときに容易に集計できるよう、保有不動産別に収支内訳表を作成しておくとよい。

不動産所得の青色申告はやや複雑だが、不動産管理会社によっては税理士によるセミナーを企画したり、税理士を紹介したりしてくれるところもあるから、最初の不動産を購入した際に一度、税理士によるセミナーを聴講するとよい。

図22b　所得税青色申告決算書（不動産所得用）-2-

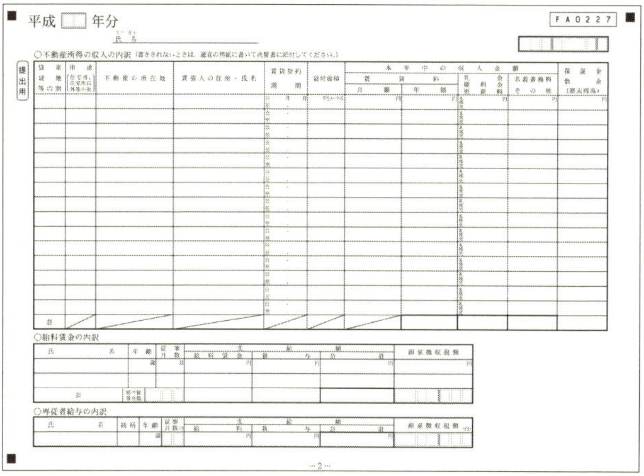

出典：国税庁ホームページ
http://www.nta.go.jp/tetsuzuki/shinkoku/shotoku/yoshiki01/shinkokusho/15.pdf

図22c　所得税青色申告決算書（不動産所得用）-3-

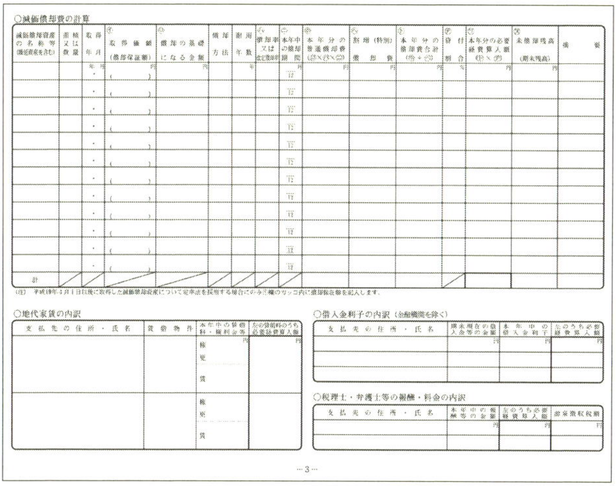

出典：国税庁ホームページ
http://www.nta.go.jp/tetsuzuki/shinkoku/shotoku/yoshiki01/shinkokusho/15.pdf

第6章　節税知識

「さあ、いよいよ将来プチ資産家になるための仕上げだ。以下に述べる知識をしっかり頭に入れておいてもらいたい。しかし、疑問が生じたら税理士または税務署に相談することだ。特に、税制は毎年改正があり得るから注意が必要だ」

事業家になると一変する景色

『サラリーマンは気楽な稼業ときたもんだ!』・・・　高度経済成長時代にはやった植木等の有名なドント節の一節だが、現在はとんでもないと思う人がほとんどだろう。しかし、そういう一面が残っていないともいえない。こと税務に関しては、大半のサラリーマンは会社にオマカセだろうと思う。面倒な確定申告をしないでいいから気楽な分、源泉徴収された税金の還付を受けるチャンスを失っているのだ。

それが、事業家あるいは不動産投資家になって自ら確定申告をしないといけないようになると税制のしくみがわかって、単なる給与所得者では考えもしなかった節税策がたくさんあることに気づく。高台に登って急に視界が開けた感じだ。

給与所得者の節税の限界

源泉徴収票が手元にあれば見てほしい。「支払金額」は会社が１年間にあなたに支払った税込給与だ。サラリーマンの場合、必要経費がある一定の算式で計算されて、それを控除した額がすぐ右の「給与所得控除後の金額」欄に記されている。さらに右の「所得控除の額の合計欄」には基礎控除、配偶者控除、扶養者控除、社会保険料、その他保険料控除などの所得控除額合計が記されている。「給与所得控除後の金額」から「所得控除の額の合計欄」を引いた額が課税所得金額で、この金額に応じた税率を掛けて「源泉徴収税額」が決まる。

個人で支払った生命保険料、個人年金保険料、地震保険料などは年末調整の時期に保険会社から送られてくる保険控除申請用の支払証明書を添付して会社に提出するだけで済んでしまう。税金の還付を受ける手段として残されているのは、一般的には医療費が10万円を越したときに個人的に確定申告できる医療費控除くらいのものだろう。

総合課税のしくみ

確定申告書Bの所得金額欄を見ると（p.89図14参照）、上から順に、事業所得、不動産所得、利子所得、配当所得、給与所得、雑所得、総合譲渡・一時所得、これらの所得合計となっている。

利子所得と配当所得は、一般的に所得税が源泉徴収されているので確定申告しない。雑所得は、公的年金以外には原稿料とか講演料とかが該当するが、必要経費を差し引いて赤字になったとしても雑所得0で、損失の申告はできない。総合課税の譲渡所得はたとえばゴルフ会員権の譲渡益、一時所得は懸賞当せん金などでいずれも一時的な所得なので論外とする。

さて、残るは事業所得と不動産所得及び給与所得だが、この3つの所得は損益通算といって、赤字も含めて単純に合計して所得合計とすることができる。事業で経費がかさんで収入より支出のほうが多ければ、事業所得はマイナスとなる。不動産投資も購入初年度は家賃収入が数か月分である一方、諸経費や減価償却費の計上で不動産所得がマイナスとなることも多い。給与所得の赤字というのはあり得ないので、事業所得ないしは不動産所得のマイナス分は給与所得から差し引けるということだ。給与所得は所得税が源泉徴収されているから、事業所得ないしは不動産所得のマイナス分に相当する分が確定申告すれば還付されることになる。ここが、給与所得だけの人と事業所得や不動産所得もある人との決定的な差を生じるポイントだ。

事業所得で経費計上できる家事関連費

事業所得の申告で必要経費として計上できるに費目に「家事関連費」というのがある。個人事業は、通常自宅で事業を行っており、自宅の住居費や光熱費の一部を使って事業をしていると考えられる。そこで、家賃や固定資産税、水道・ガス・電気代などを家事分と事業分に按分した事業分を家事関連費として必要経費に含めることができる。これは給与所得だけのサラリーマンだったら絶対に使えないウルトラCだ。

この按分は自宅の中での使用面積比や点灯時間比率など、合理的な基準をベースにして自分で決めればよい。税務署からチェックを受けたときに論理的にきちっと説明できるようにしておこう。この按分を最大限に使って「税金0円」にする裏ワザを説く本が出ているが、あくまで「社会通念の範囲内」にとどめるべきだ。

減価償却費はお金が手元にありながら経費計上されるスグレモノ

事業などの業務のために用いられる建物、建物附属設備、機械装置、器具備品、車両運搬具などの資産は、一般的にはときの経過等によってその価値が減っていくが、このような資産を減価償却資産という。減価償却とは、減価償却資産の取得に要した金額を一定の方法によって各年分の必要経費として配分していく手続きだ。

使用可能期間が１年未満のものまたは取得価額が10万円未満のものは、その取得に要した金額の全額を業務の用に供した年分の必要経費として計上できるので、減価償却の対象とならない。

取得価額が10万円以上20万円未満の減価償却資産は、取得価額の合計額の３分の１に相当する金額をその業務の用に供した年以後３年間の各年分において必要経費に算入することができる。パソコンと付属機器の合計金額などは、この対象に入るかもしれない。

減価償却の方法は定額法と定率法があるが、法定の方法は一般的には定額法なので、何も届出をしなければ定額法を用いることになる。定率法を用いたい場合は、開業の翌年の３月15日までに所轄の税務署に届け出なければならない。なお、**平成10年４月１日以後に取得した建物の償却方法は、定額法のみ**だ。

建物の場合の減価償却は残存耐用年数に応じた償却率を掛けて得られる減価償却費を毎年償却してゆくものだが、建物の取得価額が大きいから減価償却費も結構まとまった金額になる。中古建物の残存耐用年数は、経過年数×0.8を法定耐用年数から引いて求める。通常、マンションの法定耐用年数は47年だから、築20年ならば残存年数は31年となる。仮に建物の取得価額が310万円とすれば、１年当たりの減価償却費は31で割って10万円となるわけだ。

この**減価償却費は、耐用年数の間は毎年必要経費として計上するのに、お金としては手元に残っている**点がスグレモノだ。不動産投資を始めた年はこの減価償却費の効果で不動産所得がマイナスになることもある。

青色申告で奥さんに給料を払おう！

不動産資産が増えて事業規模になり、かつ奥さんが専業主婦だったら、簡単な記帳を覚えて「事業専従者」になってもらって、青色事業専従者給与に関する届出書を所轄の税務署に提出しよう。奥さんに給料を払う分、不動産所得を減らすことができる。

「年齢が15歳以上で、青色申告者と生計を一にする配偶者その他の親族であることと、その年を通じて６か月を超える期間、その青色申告者の営む事業に専ら従事していること」という条件を満たせば、あらかじめ届け出た給与額を奥さんに払ってその分を必要経費にすることができる。ただし、社会通念上妥当な範囲の金額でなければならない。

白色申告でもできないことはないが、事業専従者が事業主の配偶者であれば86万円、配偶者でなければ専従者１人につき50万円という制限がある。

贈与を受ける場合の節税知識

賃貸マンション投資の自己資金が足りなくて親から援助してもらう場合に、贈与に係る二つの課税制度を知っておくと高い贈与税を払わずに援助を受けられる。

暦年課税制度と相続時精算課税制度

暦年課税制度による通常の贈与の場合は110万円の基礎控除額がある。つまり、年間110万円までの贈与には贈与税がかからない。したがって親から仮に300万円の援助を受けようと思えば、100万円ずつ3年間かけて援助してもらう分には贈与税がかからない。ただし、もともと3年間に分けて300万円を贈与する連年贈与とみなされると300万円の贈与の扱いとなり、基礎控除額を引いた190万円に贈与税（200万円以下10%）がかかってしまうから定期的な贈与とならないよう注意が必要だ。

暦年課税制度と二者択一の、相続時精算課税制度があって、一定の要件を満たせば2500万円の特別控除枠がある。つまり、この制度を選択すれば、2500万円までは非課税で親から贈与を受けられる。相続時精算課税を選択した贈与は、相続が起きた時点で相続財産と合算して計算される相続税から既に払った贈与税を差し引いた相続税額を納める制度だ。

一定の要件とは、贈与者である親が65歳以上（平成27年1月1日以降は60歳以上に改正）で、受贈者が推定相続人である20歳以上の子（平成27年1月1日以降は孫も追加に改正）の場合で、受贈者（子）が所轄の税務署に届出書を提出する。贈与者として親別（父・母）に選択できるが、一度相続時精算課税を選択するとその贈与者に対しては暦年課税に戻すことはできない。

あとがき

著者は2008年のリーマンショックに際して、おおかたのキャピタルゲイン狙いの投資は世界経済の荒波をまともに受けるのに対して、家賃収入のようなインカムゲイン目的の投資はその影響をほとんど受けず、長期的資産形成のための王道であることを実感した。

著者の場合、そのことに気づいて賃貸マンション投資を始めたのは退職後で、かつリーマンショック直後であった。退職してしまうと銀行から投資資金の融資を受けるのは難しくなる。その意味で、現役時代それも20代、30代のころから賃貸マンション投資を始めていたら、それこそ定年までにはプチ資産家どころではなく大資産家になることも不可能ではなかったと思っている。

普通のサラリーマンにとって持ち家は別として、不動産投資などはなから考えたこともないか、敷居が高いと思っている人がほとんどだと思う。しかし本当はプチ資産家になるための王道であることを20代、30代のサラリーマンに知ってもらい、長期的資産形成のお役に少しでも立てたらという老婆心からこの本が生まれた。この本を読んで一歩前に踏み出すか、現状に踏みとどまるかはあなたしだいだ。たとえ現状に踏みとどまるとしても、ファイナンシャル・リテラシーの効用に気づいてもらって、あなたのマネープランに少しでも役立てていただけたら幸いである。

《謝辞》

真先に、税務面の記載でご指導いただいた清水明夫税理士に感謝します。また、この本を世に出す機会を与えてくださった三和書籍の皆さまに感謝します。原始原稿の段階で同年代のサラリーマンに受け入れられる表現になっているかチェックしてくれた長男聡人と次男史彬にもありがとうといいたい。

《参照文献・参照ネットサイト》

・「自助論」サミュエル・スマイルズ著、竹内均訳（三笠書房）

・「平成24年度民間住宅ローンの実態に関する調査結果報告書」国土交通省

→ http://www.mlit.go.jp/report/press/house01_hh_000054.html

・「NISAの拡充について」金融庁

→http://www.fsa.go.jp/policy/nisa/index.html

・「家計の金融行動に関する世論調査［二人以上世帯調査］平成24年調査結果」金融広報中央委員会

→http://www.shiruporuto.jp/finance/chosa/yoron2012fut/

・「資金循環の日米欧比較」及び「資金循環統計：参考図表」日本銀行調査統計局

→http://www.boj.or.jp/statistics/sj/sj.htm/

・「ウォール街のランダム・ウォーカー」バートン・マルキール著、井手正介訳（日本経済新聞出版社）

・『「本当のこと」を伝えない日本の新聞』マーティン・ファクラー著（双葉新書）

・「平成24年度株式分布状況調査の調査結果について」東京証券取引所

→http://www.tse.or.jp/market/data/examination/distribute/

・「平成22年度子どもの学習費調査結果について」文部科学省

→ http://www.mext.go.jp/b_menu/houdou/24/02/1316221.htm

・「平成22年度生活保障に関する調査」生命保険文化センター
→http://www.jili.or.jp/research/report/chousa10th.html
・「年金制度基礎調査（老齢年金受給者実態調査）平成23年」政府統計（e-Stat）
→ http://www.e-stat.go.jp/SG1/estat/GL08020101.do?toGL08020101_&tstatCode=000001021991&requestSender=dsearch
・「平成22年簡易生命表」厚生労働省
→http://www.mhlw.go.jp/toukei/saikin/hw/life/life10/01.html
・「地価変動率の推移」国土交通省
→http://www.mlit.go.jp/common/000213889.pdf
・「都道府県別転入・転出超過数」総務省統計局
→http://www.stat.go.jp/data/idou/2012np/kihon/youyaku/
→http://www.stat.go.jp/data/idou/2011np/kihon/youyaku/
・「中古マンションの築年帯別平均価格」東日本不動産流通機構
→http://www.reins.or.jp/pdf/trend/rt/rt_201303.pdf
・「オフィス賃料指数及び共同住宅賃料指数の動向」日本不動産研究所
→http://www.reinet.or.jp/?page_id=166
・『家賃、間取り、広さ…737人のお部屋選び、「これで決めた」「ここをあきらめた」』SUUMO（株式会社リクルート住まいカンパニー）
→http://suumo.jp/edit/chintai/kimeteakirame_ranking/
・「借りるなら！　人気の沿線ランキング　賃貸編2012」アットホーム
→http://www.athome.co.jp/special/ranking2012chintai/tokyo.html

・「投資信託にだまされるな！」竹川美奈子著（ダイヤモンド社）
・「ど素人がはじめる不動産投資の本」国房啓一郎、中川寛子著（翔泳社）
・「東京の中古ワンルームを３戸持ちなさい」重吉　勉著（かんき出版）

《国税庁ホームページ関係》

・個人事業の開業届出・廃業届出等手続
→ http://www.nta.go.jp/tetsuzuki/shinsei/annai/shinkoku/annai/04.htm
・所得税の青色申告承認申請（兼）現金主義の所得計算による旨の届出手続
→ http://www.nta.go.jp/tetsuzuki/shinsei/annai/shinkoku/annai/10.htm
・確定申告書、青色申告決算書、収支内訳書等
→ http://www.nta.go.jp/tetsuzuki/shinkoku/shotoku/yoshiki01/shinkokusho/02.htm
・確定申告に関する手引き等
→ http://www.nta.go.jp/tetsuzuki/shinkoku/shotoku/tebiki2012/index.htm

【著者】

水野　和夫（みずの　かずお）

1946年生まれ、東京都出身。横浜国立大学工学部電気工学科および同大学大学院工学研究科卒。エレクトロニクス・エンジニアとして国内外のメーカーに通算38年間勤務した後、2008年からFP（ファイナンシャル・プランナー）に転向。現在、個人事業としてFP業務を行うほか、NPO法人日本FP協会東京支部の運営委員として活動中。保有資格はCFP®、住宅ローンアドバイザー、および宅地建物取引主任者。

2008年のリーマン・ショックを契機に、家賃収入を目的とした賃貸不動産投資を始め、それによって老後資金の個人的不安を解消。その実績をもとに、将来の社会保障制度に不安を抱く若い人達にも賃貸不動産投資が長期的資産形成の王道であることに気付いてもらうよう、機会あるごとにセミナーを行ったりしている。

【税務指導】

清水　明夫（しみず　あきお）

“正義のミカタ!三鷹の赤髭税理士”で名が通っている。

東京都中野区生まれ。都内会計事務所に15年勤務後、平成11年三鷹市にて独立開業。相続・事業承継等を中心とする税理士業のほか、ファイナンシャル・プランナーとしても活躍中で、ファイナンシャル・プランニング技能検定試験委員にも就任している。（ホームページhttp://www.shimizutax.com/）

❖イラスト作成　佐藤千香子

年収《ねんしゅう》300万円《まんえん》でもプチ資産家《しさんか》になれる！

2014年3月10日　第1版第1刷発行

著　者　水　野　和　夫

発行者　高　橋　　考
発　行　三　和　書　籍

〒112-0013　東京都文京区音羽2-2-2
電話 03-5395-4630　FAX 03-5395-4632
info@sanwa-co.com
http://www.sanwa-co.com/
印刷／製本　日本ハイコム株式会社

ISBN978-4-86251-163-8 C0033

本書の電子版（PDF形式）は、Book Pub（ブックパブ）の下記URLにてお買い求めいただけます。　http://bookpub.jp/books/bp/384

三和書籍の好評図書

Sanwa co.,Ltd.

社会起業家のための NPO・新公益法人Q&A
仕組みの違いから優遇税制まで

税理士 渡辺洋一 著
A5判／並製／247頁
本体2,800円＋税

平成二〇年一二月に社団・財団法人制度が大きく変わった。本書では、NPO法人や新公益法人といった「非営利法人」が株式会社などの営利法人とどのように違うのか、組織の仕組みから優遇税制面まで解説した。

今すぐあなたを変える！
ビジネス脳を鍛える8つの行動習慣

医学博士 田中和秀 著
四六判／並製／288頁
本体1,500円＋税

脳に関する知識とその活用法である行動習慣を身につけることで、仕事のパフォーマンスを向上。また競争社会を生き残る戦略としてのストレスマネジメントについて知ることができる。

事例で学ぶ認定NPO法人の申請実務
改正NPO法による書類作成の手引き

NPO会計税務専門家ネットワーク 著
A5判／並製／195頁
本体2,100円＋税

本書では、認定NPO法人の認定が受けやすくなった平成24年施行の改正NPO法に沿って、申請書類を数多く掲載し、書き方の実際を手引きした。実例を挙げながら認定NPO法人の申請のポイントをわかりやすく解説している。

こころと体がラクになる
魔法の5分セラピー

治面地順子 著
A5変形判／並製／136頁
本体1,400円＋税

本書では、日々の忙しい生活の中で、ほっとひと息ついてリフレッシュし、みるみる元気になれる「魔法のセラピー」を図説入りで、わかりやすく紹介している。

知って得する年金・税金・雇用・
健康保険の基礎知識 2014年版

榎本恵一・吉田幸司・林充之・
渡辺峰男 共著
A5判／並製／277頁
本体2,000円＋税

年金や税金をただ言われるまま払っていていいのか。無駄な出費を減らし、もらうべきものはしっかりもらいたい！　本書では、知っていれば得する年金・税金・雇用・健康保険の基礎知識をわかりやすく解説。読者にしっかりと徳をしてもらう有益な情報を満載している。2005年より毎年刊行し大好評を得ている定番書籍。近時の法改正を反映して記述を更新し、益々充実させた最新版!